GELBE SERIE *leicht gemacht*®

Herausgeber:
Professor Dr. Hans-Dieter Schwind
Richter Dr. Peter-Helge Hauptmann

VwGO

leicht gemacht

Die Verwaltungsgerichtsordnung
anschaulich – lebendig – einprägsam

2. überarbeitete Auflage

von
Claus Murken
Rechtsanwalt

Michael Jeske
Rechtsanwalt

Ewald v. Kleist Verlag, Berlin

Besuchen Sie uns im Internet:
www.leicht-gemacht.de

Autoren und Verlag freuen sich über Ihre Anregungen

Umwelthinweis: Dieses Buch
wurde auf chlorfrei gebleichtem Papier gedruckt
Gestaltung: Michael Haas, Joachim Ramminger, Berlin
Druck & Verarbeitung: Druckerei Siepmann GmbH, Hamburg
leicht gemacht® ist ein eingetragenes Warenzeichen

© 2020 Ewald v. Kleist Verlag, Berlin

Inhalt

I. Grundlagen des Verwaltungsprozessrechts

Lektion 1: Verwaltungsrechtsweg 5
Lektion 2: Allgemeine Sachentscheidungsvoraussetzungen 16
Lektion 3: Die verwaltungsgerichtlichen Klagearten im Überblick 29

II. Die einzelnen Klagearten

Lektion 4: Anfechtungsklage............................ 34
Lektion 5: Verpflichtungsklage 61
Lektion 6: Die allgemeine Leistungsklage 68
Lektion 7: Allgemeine Feststellungsklage 80
Lektion 8: Fortsetzungsfeststellungsklage 91
Lektion 9: Verwaltungsgerichtliche Normenkontrolle 101

III. Vorläufiger Rechtsschutz

Lektion 10: Vorläufiger Rechtsschutz gemäß §§ 80–80b VwGO... 107
Lektion 11: Die einstweilige Anordnung gemäß § 123 VwGO 117

Sachregister. 125

Übersichten · Prüfschemata

Übersicht	1	Abgrenzung öffentlich-rechtliche Streitigkeit	13
Prüfschema	1	Verwaltungsrechtsweg.....................	15
Übersicht	2	Verwaltungsprozessrechtliche Prüfung	16
Übersicht	3	Allgemeine Sachentscheidungsvoraussetzungen ..	28
Übersicht	4	Die verwaltungsgerichtlichen Klagearten	33
Übersicht	5	Zulässigkeit der Anfechtungsklage	35
Übersicht	6	Statthaftigkeit der Anfechtungsklage...........	36
Übersicht	7	Begriffsmerkmale des Verwaltungsakts	37
Übersicht	8	Klagebefugnis	39
Übersicht	9	Klagebefugnis bei Drittanfechtung	43
Prüfschema	2	Bestimmung der Widerspruchsfrist	48
Übersicht	10	Anforderungen an die Rechtsbehelfsbelehrung ...	50
Prüfschema	3	Zulässigkeit der Anfechtungsklage	56
Prüfschema	4	Begründetheit der Anfechtungsklage...........	58
Übersicht	11	Statthaftigkeit der Verpflichtungsklage	62
Übersicht	12	Begründetheit der Verpflichtungsklage	65
Prüfschema	5	Verpflichtungsklage........................	67
Übersicht	13	Arten der allgemeinen Leistungsklage..........	69
Übersicht	14	Statthafte Klageart bei Auskunftserteilung	72
Übersicht	15	Statthafte Klageart bei Geldzahlungen..........	73
Übersicht	16	Qualifiziertes Rechtsschutzbedürfnis	76
Übersicht	17	Öffentlich-rechtliche Vertragsansprüche	78
Prüfschema	6	Allgemeine Leistungsklage	79
Übersicht	18	Arten der allgemeinen Feststellungsklage	80
Übersicht	19	Nichtigkeit gemäß § 44 VwVfG	89
Prüfschema	7	Allgemeinen Feststellungsklage................	90
Übersicht	20	Erledigung des Verwaltungsakts	93
Übersicht	21	Varianten der Fortsetzungsfeststellungsklage	96
Prüfschema	8	Fortsetzungsfeststellungsklage.................	100
Übersicht	22	Zulässigkeit der Normenkontrolle	101
Prüfschema	9	Verwaltungsgerichtliche Normenkontrolle.......	106
Übersicht	23	Suspensiveffekt und Ausnahmen...............	110
Übersicht	24	Statthaftigkeit des Antrags nach § 80 V VwGO ...	111
Prüfschema	10	Zulässigkeit des Verfahrens nach § 80 V VwGO...	113
Prüfschema	11	Statthaftigkeit des Antrags nach § 123 VwGO....	118
Prüfschema	12	Einstweilige Anordnung gemäß § 123 VwGO	123

I. Grundlagen des Verwaltungsprozessrechts

Lektion 1: Verwaltungsrechtsweg

Auch die Verwaltung ist nicht unfehlbar. Zwar ist die vollziehende Gewalt gemäß Art. 20 III GG an Gesetz und Recht gebunden, doch liefe diese Bindung leer, wenn sie keinerlei Kontrolle unterworfen wäre. Eine solche Kontrolle zu gewährleisten, sind insbesondere die Verwaltungsgerichte berufen: Sie ermöglichen dem Bürger, mit Hilfe von Rechtsbehelfen eine gerichtliche Überprüfung von Verwaltungsentscheidungen herbeizuführen. Dadurch wird zugleich dem Gewaltenteilungsprinzip Genüge getan, das eine gegenseitige Kontrolle der drei Staatsgewalten erfordert.

Verfahren, Organisation und Zuständigkeiten der Verwaltungsgerichtsbarkeit sind in der Verwaltungsgerichtsordnung – VwGO – festgelegt. Verwaltungsprozessrecht ist also das Rechtsgebiet, das sich mit dem Verfahren vor den Verwaltungsgerichten befasst. Gegen Maßnahmen der Verwaltung kann sich der Bürger mit den in der VwGO vorgesehenen Klagen (etwa Anfechtungs- und Feststellungsklagen) und Anträgen (insbesondere auf vorläufigen Rechtsschutz) wehren.

Bereits an dieser Stelle ein kleiner Hinweis: Ohne die in diesem Band angegebenen Paragrafen nachlesen zu können, macht die Lektüre dieses Buchs wenig Freude (und noch weniger Sinn). Auch wenn der tiefe Griff in die Tasche Überwindung kostet, besorgen Sie sich – zumindest wenn Sie es häufiger mit dem Verwaltungs- und Verwaltungsprozessrecht zu tun haben – eine umfassende Gesetzessammlung. Bekannt ist da der „Sartorius". Die VwGO alleine führt nicht weit genug, da die Beispielsfälle sich in vielerlei verwaltungsrechtliche Rechtsgebiete begeben werden.

Die Verwaltungsgerichtsbarkeit ist also der Zweig der deutschen Gerichtsbarkeit, der der gerichtlichen Kontrolle eines Verwaltungshandelns dient. Wann aber ist der Rechtsweg zu ihr eröffnet, d.h. in welchen Fällen müssen die Verwaltungsgerichte (und nicht Zivil-, Finanz- oder Strafgerichte etc.) angerufen werden? Zur Klärung dieser Frage starten wir mit Beispielsfall 1:

Aufdrängende Sonderzuweisungen

Fall 1

Der Beamte der Bundespolizei B hat im letzten Jamaica-Urlaub neue religiöse Erkenntnisse gewonnen: Um seiner Verehrung für Haile Selassie Ausdruck zu verleihen, lässt er seine Haare lang wachsen und zu Dreadlocks formen. Sein Dienstvorgesetzter D ist von B's neuem Glauben dagegen wenig angetan: Er weist ihn an, zum Friseur zu gehen und sich die „Wursthaare" wieder abschneiden zu lassen. Tief in seinen religiösen Gefühlen verletzt, will B gegen die Weisung gerichtlich vorgehen. Welcher Rechtsweg steht ihm offen?

Der Verwaltungsrechtsweg kann auf zwei verschiedene Arten eröffnet sein: Entweder weist eine so genannte aufdrängende Sonderzuweisung oder die Generalklausel des § 40 I VwGO einen Rechtsstreit den Verwaltungsgerichten zu.

Aufdrängende Sonderzuweisungen sind gesetzliche Bestimmungen, die eine Streitigkeit ganz explizit der Verwaltungsgerichtsbarkeit zuordnen: So heißt es in § 126 I BRRG, der mit Abstand bedeutendsten aufdrängenden Sonderzuweisung: „Für alle Klagen der Beamten, Ruhestandsbeamten, früheren Beamten und der Hinterbliebenen aus dem Beamtenverhältnis ist der Verwaltungsrechtsweg gegeben."

Ist in der Prüfung eine beamtenrechtliche Streitigkeit zu bearbeiten, ist der Verwaltungsrechtsweg mithin in aller Regel bereits nach § 126 BRRG eröffnet. Ein Eingehen auf die Voraussetzungen des § 40 I VwGO erübrigt sich dann. Weitere Sonderzuweisungen finden sich etwa in § 54 BAFöG für Streitigkeiten über die Ausbildungsförderung, sowie in §§ 8 IV, 12, 16 III 2 HandwO für bestimmte Streitigkeiten im Rahmen der Handwerksordnung.

In Fall 1 muss B sich daher an das Verwaltungsgericht wenden: Er ist Beamter und will eine Anweisung seines Dienstherren angreifen; gemäß § 126 BRRG ist hier der Verwaltungsrechtsweg eröffnet.

Generalklausel

■ Fall 2

F betreibt einen Friseursalon. Die Geschäfte laufen blendend, doch mag F seine Gewinne nicht mit dem Finanzamt teilen: Trotz mehrerer Aufforderungen weigert er sich, Steuern zu zahlen. Die Gewerbeaufsichtsbehörde untersagt dem F daraufhin die weitere Ausübung des Betriebs nach § 35 GewO. F will sich vor Gericht wehren. Welcher Rechtsweg steht ihm offen?

In Prüfung wie Praxis kommen in den meisten Fällen aufdrängende Sonderzuweisungen nicht in Betracht. Die Eröffnung des Verwaltungsrechtswegs ist dann anhand der Generalklausel des § 40 I VwGO zu prüfen.

§ 40 I VwGO stellt an den jeweils zu entscheidenden Rechtsstreit drei Anforderungen für die Eröffnung des Rechtswegs zu den Verwaltungsgerichten:

Zunächst muss es sich um eine öffentlich-rechtliche Streitigkeit handeln; insoweit können mitunter schwierige Abgrenzungsfragen zu Privatrechtsstreitigkeiten auftreten. Die öffentlich-rechtliche Streitigkeit muss darüber hinaus nichtverfassungsrechtlicher Art sein: Die Verwaltungsgerichte sollen sich nicht in die verfassungsrechtliche Willensbildung oberster Staatsorgane einmischen. Schließlich können Spezialvorschriften, so genannte abdrängende Sonderzuweisungen, die Streitigkeit trotz ihres öffentlich-rechtlichen Charakters nichtverfassungsrechtlicher Art anderen Gerichten als den Verwaltungsgerichten zuweisen.

> ## Leitsatz 1
> **Generalklausel, § 40 I VwGO**
>
> § 40 I VwGO stellt an den jeweils zu entscheidenden Rechtsstreit **drei** Anforderungen für die Eröffnung des Rechtswegs zu den Verwaltungsgerichten:
>
> ▶ **öffentlich-rechtliche** Streitigkeit
> ▶ **nichtverfassungsrechtlicher Art**
> ▶ **keine abdrängende Sonderzuweisung**

Zunächst gilt es also stets zu klären, ob eine Streitigkeit öffentlich-rechtlich ist. Dies ist dann der Fall, wenn die für die Streitigkeit entscheidenden Normen dem öffentlichen Recht zuzuordnen sind. Zur Klärung dieser Frage wiederum muss zuerst die für die jeweilige Streitigkeit maßgebliche Vorschrift aufgefunden werden. In der Regel lässt sich die **streitentscheidende Norm** ohne größeren Aufwand eindeutig feststellen: So ist in Abwehrfällen die Norm, die der angegriffenen Belastung zugrundeliegt (sog. Ermächtigungsgrundlage) streitentscheidend. In Leistungsfällen hingegen ist streitentscheidende Norm diejenige, nach der die begehrte Leistung erfolgen würde (sog. Anspruchsgrundlage).

In **Fall 2** handelt es sich unproblematisch um eine öffentlich-rechtliche Streitigkeit. Streitentscheidende Norm ist § 35 GewO, die Ermächtigungsgrundlage der Gewerbeuntersagung. Diese ist dem öffentlichen Recht zuzuordnen. Da es sich nicht um eine verfassungsrechtliche Streitigkeit handelt und auch abdrängende Sonderzuweisungen nicht ersichtlich sind, ist für das Anliegen des F der Verwaltungsrechtsweg eröffnet.

Hausverbot

Fall 3

Inspiriert von einer durchzechten Partynacht kommt Partykönig P eine Geschäftsidee: Er will eine Diskothek eröffnen. Trotz hämmernder Kopfschmerzen eilt er voller Tatendrang in das nahe liegende Rathaus der Stadt K und beantragt eine Gaststättenerlaubnis, schließlich will er in seiner Disko alkoholische Getränke ausschenken dürfen. Als der Beamte B ihm erklärt, dass er noch einige Unterlagen, u.a. ein polizeiliches Führungszeugnis vorlegen müsse, schlägt die Euphorie des P in Wut um: Erbost ob dieser „bürokratischen Förmelei" beleidigt er B unflätig. B erteilt ihm daraufhin ein Hausverbot für das Rathaus. P will gegen das erteilte Hausverbot gerichtlich vorgehen. Handelt es sich um eine öffentlich-rechtliche Streitigkeit?

Eine öffentlich-rechtliche Streitigkeit liegt nach dem Vorgesagten vor, wenn die streitentscheidende Norm dem öffentlichen Recht zuzuordnen ist. In einigen Konstellationen jedoch ist das Auffinden der für die Streitigkeit maßgeblichen Vorschrift nicht unproblematisch, insbesondere weil mehrere Normen als streitentscheidend in Betracht kommen (und von ihnen eine dem Privatrecht, die andere dem öffentlichen Recht angehört) oder eine gesetzliche Regelung gänzlich fehlt. Dies ist insbesondere bei Hausverboten, Verträgen zwischen Bürger und Verwaltung, Gewährung bzw. Rückforderung von Subventionen sowie Realakten der Fall.

Bei **Hausverboten**, die eine Behörde für die Räumlichkeiten gegenüber dem Bürger verfügt, kommen nämlich sowohl zivilrechtliche Vorschriften (insb. §§ 859, 1004 BGB) wie auch die öffentlich-rechtliche Sachherrschaft als streitentscheidend in Betracht. Nach herrschender Meinung ist für die Frage des Rechtswegs nach dem **vom Besucher verfolgten Zweck** abzugrenzen: Ging es diesem, als ihm das Hausverbot erteilt wurde, um ein öffentlich-rechtliches Anliegen, so ist der Verwaltungsrechtsweg eröffnet. In anderen Fällen (also etwa bei Wahrnehmung privatrechtlicher Angelegenheiten oder einem Betreten außerhalb der Zweckbestimmung) stützt sich das Hausverbot hingegen auf die Vorschriften des BGB; eröffnet ist dann der Zivilrechtsweg.

In **Fall 3** müsste P also nach beiden Auffassungen gegen das erteilte Hausverbot vor dem Verwaltungsgericht vorgehen. P ging es um eine Gaststättenerlaubnis, also ein öffentlich-rechtliches Anliegen (§ 2 GastG), als ihm das Hausverbot erteilt wurde. Es handelt sich mithin um eine öffentlich-rechtliche Streitigkeit.

Zum besseren Verständnis hier als Abwandlung **Fall 4**:

Fall 4
P begibt sich nach Ablauf des Hausverbots erneut ins Rathaus – diesmal allerdings in der Absicht, Tickets für die in seiner Disko stattfindende „Luftgitarren-Meisterschaft" zu verkaufen. Zu seinem Unmut können sich hierfür weder die Schlange stehenden Bürger noch die anwesenden Beamten begeistern. Er bekommt erneut einen Wutanfall und wird von Behördenleiter L des Hauses verwiesen. Vor welcher Gerichtsbarkeit kann P gegen das folgende Hausverbot vorgehen?

P hat in **Fall 4** das Rathaus zur Wahrnehmung privatrechtlicher Angelegenheiten betreten: Er will dort Eintrittskarten verkaufen. Das Hausverbot erfolgt daher auf Grundlage von §§ 859, 1004 BGB. P müsste hiergegen vor der Zivilgerichtsbarkeit klagen. Eine öffentlich-rechtliche Streitigkeit liegt nicht vor, da die streitentscheidenden Normen nicht dem öffentlichen Recht zuzuordnen sind.

Verträge zwischen Bürger und Verwaltung

Fall 5

Der Bürgermeister B der beschaulichen Gemeinde G ist ein großer Fan eines süddeutschen Sportwagenherstellers. Um die Angestellten seines Rathauses stärker zu motivieren, gedenkt er, den Dienstwagenfuhrpark der Gemeinde etwas aufzubessern. Er bestellt bei Autohändler A zwanzig PS-starke Cabrios eben dieses Sportwagenherstellers. A liefert die Fahrzeuge und übersendet die Rechnung. B ist entsetzt: Das Budget seiner Gemeinde hat er weit überzogen. Trotz mehrerer Mahnungen des A bleibt die Rechnung unbezahlt. A beauftragt schließlich seinen Rechtsanwalt R, den Kaufpreis einzuklagen. Vor welcher Gerichtsbarkeit wird R Klage erheben?

Trifft die Verwaltung mit dem Bürger vertragliche Vereinbarungen, so ist bei einer Streitigkeit fraglich, ob die Verwaltungs- oder die Zivilgerichte anzurufen sind. Die Behörden können nämlich sowohl verwaltungsrechtliche (§§ 54 ff VwVfG) wie auch zivilrechtliche Verträge (nach dem BGB) mit dem Bürger abschließen. Als streitentscheidend kommen bei derartigen Abreden demnach sowohl die öffentlich-rechtlichen Normen der §§ 54 ff VwVfG als auch die privatrechtlichen des BGB in Betracht.

Für die Abgrenzung maßgebend ist der Vertragsgegenstand: Ist Vertragsgegenstand ein privatrechtliches Rechtsverhältnis so handelt es sich bei der getroffenen Vereinbarung um einen Vertrag des Privatrechts: Bei einer Streitigkeit entscheidende Normen sind mithin die des BGB, eröffnet ist dann der Zivilrechtsweg. Handelt sich bei der Vereinbarung zwischen Verwaltung und Bürger dagegen um einen öffentlich-rechtlichen Vertrag im Sinne der §§ 54 ff VwVfG (etwa Verpflichtung der Behörde zur Erteilung einer Bauerlaubnis; im Gegenzug öffentlich-rechtliche Verpflichtung des Bürgers zur Schaffung von Stellplätzen), ist der Verwaltungsrechtsweg eröffnet.

In Fall 5 wird R daher im Namen von A Klage vor der Zivilgerichtsbarkeit erheben. R hat für die Gemeinde G mit A einen Kaufvertrag nach § 433 BGB abgeschlossen. Die streitentscheidende Norm gehört dem Privatrecht an. Der Verwaltungsrechtsweg ist nicht eröffnet.

Subventionen

■ Fall 6

A beantragt staatliche Subventionsleistungen in Form eines zinsgünstigen Darlehens für die Entwicklung von Solarenergiezellen; die zuständige Behörde weist seinen Antrag zurück. A möchte sein Anliegen gerichtlich durchsetzen. Handelt es sich um eine öffentlich-rechtliche Streitigkeit?

Auch bei der Gewährung bzw. Rückforderung von Subventionen kann es zu Abgrenzungsproblemen kommen, ob im Fall einer Streitigkeit öffentlich-rechtliche oder privatrechtliche Normen maßgeblich sind. Der herrschenden Meinung zufolge (sog. Zwei-Stufen-Theorie) ist für die Rechtswegfrage jeweils maßgeblich, auf welcher von zwei zu unterscheidenden Stufen (des „ob" und des „wie") das klägerische Begehren einzuordnen ist:

▶ 1. Stufe: Geht es um das „Ob", also um die Entscheidung, ob eine Subvention zu gewähren oder zurückzufordern ist, so ergeht diese aufgrund öffentlich-rechtlicher Vorschriften (bspw. Gewährung einer Subvention durch Bewilligungsbescheid, Rücknahme nach § 48 VwVfG).

▶ 2. Stufe: Entzündet sich die Streitigkeit hingegen an Fragen der Abwicklung des Leistungsverhältnisses („Wie"), so ist der Zivilrechtsweg eröffnet: Sie geschieht nämlich durch privatrechtlichen (bspw. Darlehens-)Vertrag.

In Fall 6 ist demnach der Verwaltungsrechtsweg eröffnet: Dem A geht es um das „Ob" der Subventionsgewährung, sein Begehren ist mithin auf die erste Stufe einzuordnen. Es handelt sich um eine öffentlich-rechtliche Streitigkeit.

■ Fall 7

S stört sich an einer Straßenlaterne, deren Licht bis in seine Schlafgemächer vordringt. Die „fiese Funzel", wie S sie in seinen Beschwerdebriefen an die Stadt zu nennen pflegt, soll nach dem Willen des Straßenbauamts jedoch an Ort und Stelle verbleiben. S will daraufhin die Gerichte einschalten. Ist die Streitigkeit öffentlich-rechtlich?

Abgrenzungsfragen ergeben sich schließlich auch bei so genannten Realakten der Verwaltung. Realakte sind hoheitliche Maßnahmen, die auf einen tatsächlichen – und nicht auf einen rechtlichen Erfolg – gerichtet sind. Für die Frage, ob Streitigkeiten um Realakte öffentlich-rechtlich sind, ist der jeweilige Sachzusammenhang maßgeblich:

Bei Immissionen von hoheitlichen Einrichtungen (z.B. Kirchenglocken, Feuerwehrsirenen, Immissionen von Kläranlagen) etwa sind Streitigkeiten dem öffentlichen Recht zuzuordnen, wenn die Immission in unmittelbarem Sachzusammenhang mit der Verfolgung eines öffentlichen Zwecks steht. Bei möglicherweise ehrverletzenden Äußerungen eines Amtsträgers (z.B. Auskünfte der Handwerkskammer über Handwerker, Sektenwarnung der Bundesregierung) ist maßgeblich, ob die Äußerung in unmittelbarem Sachzusammenhang mit der Wahrnehmung hoheitlicher Aufgaben erfolgt. Und auch bei Dienstfahrten ist der Sachzusammenhang entscheidend: Dienen diese der Wahrnehmung öffentlicher Aufgaben (z.B. polizeiliche Streifenfahrt), wäre eine Streitigkeit öffentlich-rechtlich, andernfalls (z.B. Fahrt zum Kauf von Büromaterialen) privatrechtlich.

S aus Fall 7 müsste demnach vor einem Verwaltungsgericht Klage erheben: Es handelt sich um eine öffentlich-rechtliche Streitigkeit: Die Immissionen der Straßenlaterne stehen in unmittelbarem Sachzusammenhang mit der Wahrnehmung öffentlicher Zwecke, der nächtlichen Wegebeleuchtung.

Die Übersicht 1 fasst die vorstehenden Ausführungen zusammen.

Nichtverfassungsrechtlicher Art

Fall 8

Der Bundestag in Berlin beschließt ein Gesetz, das jeden Bürger unter Androhung einer Geldstrafe verpflichtet, einen GPS-Sender an der Jacke zu tragen. Hiermit soll die Fahndung nach Kriminellen erleichtert werden. Die Opposition, die ca. 40% der Abgeordneten stellt, ist empört und will gegen dieses „orwellsche Gesetz" gerichtlich vorgehen. Welche Gerichtsbarkeit ist anzurufen?

Der Verwaltungsrechtsweg ist gemäß § 40 I VwGO nur bei einer öffentlich-rechtlichen Streitigkeit nichtverfassungsrechtlicher Art eröffnet.

Übersicht 1: Abgrenzung öffentlich-rechtliche Streitigkeit

Gemäß § 40 I VwGO muss es sich bei einer Streitigkeit zunächst um eine **öffentlich-rechtliche** und **nicht** um eine **privatrechtliche** handeln, damit der Verwaltungsrechtsweg eröffnet ist.

Öffentlich-rechtlich ist eine Streitigkeit, wenn die **streitentscheidende Norm** dem öffentlichen Recht zuzuordnen ist. In der Regel lässt sich die streitentscheidende Norm schnell feststellen: in Abwehrfällen nämlich die Vorschrift, die der angegriffenen Belastung zugrundeliegt (**Ermächtigungsgrundlage**); in Leistungsfällen hingegen die diejenige, nach der die begehrte Leistung erfolgen würde (**Anspruchsgrundlage**).

Für die Fallgruppen, in denen die Abgrenzung schwierig ist, hier noch einmal das jeweilige Abgrenzungskriterium:

Hausverbote:	vom Besucher verfolgter Zweck
Verträge zwischen Bürger und Verwaltung:	Vertragsgegenstand
Subventionen:	Zwei-Stufen-Theorie
Realakte:	Sachzusammenhang

Für verfassungsrechtliche Streitigkeiten sind die Verwaltungsgerichte nicht zuständig. Sie sollen sich nämlich nicht in die verfassungsrechtliche Willensbildung oberster Staatsorgane einmischen; die Klärung von in diesem Sinne verfassungsrechtlichen Streitigkeiten ist – sofern sie überhaupt gerichtlich überprüfbar sind – den Verfassungsgerichten vorbehalten.

Eine Streitigkeit verfassungsrechtlicher Art liegt allerdings nur bei der so genannten „doppelten Verfassungsunmittelbarkeit" vor: Zum einen müssen beide Beteiligte unmittelbar am Verfassungsleben teilnehmen (also z.B. Bund, Länder, Fraktionen, Bundesregierung etc.). Steht also auf einer Seite ein Bürger, kann es sich nicht um eine verfassungsrechtliche Streitigkeit handeln. Überdies muss sich der Streit um Rechte und Pflichten drehen, die unmittelbar in der Verfassung geregelt sind. Verfassungsrechtlich in diesem Sinne sind bspw. Streitigkeiten über Rechte und Pflichten des Bundes und der Länder nach Art. 93 I Nr. 3 GG oder Organstreitigkeiten gemäß Art. 93 I GG.

In Fall 8 müssten die empörten Abgeordneten einen Antrag auf abstrakte Normenkontrolle vor dem Bundesverfassungsgericht stellen (Art. 93 I Nr. 2 GG, §§ 13 Nr. 6, 76 ff BVerfGG). Das Bundesverfassungsgericht würde dann die Vereinbarkeit des erlassenen Gesetzes mit dem Grundgesetz überprüfen. Es handelt sich um eine verfassungsrechtliche Streitigkeit, der Verwaltungsrechtsweg ist nicht eröffnet.

Abdrängende Sonderzuweisung

Fall 9

Verkehrsrowdy V hält mal wieder einen Bußgeldbescheid wegen Geschwindigkeitsüberschreitung in den Händen. Ausnahmsweise wurde das Bußgeld diesmal zu Unrecht verhängt. V will gerichtlich dagegen vorgehen. An was für ein Gericht muss er sich wenden?

Letzter Prüfungspunkt im Rahmen der Eröffnung des Verwaltungsrechtswegs aufgrund der Generalklausel des § 40 I VwGO ist derjenige der abdrängenden Sonderzuweisungen. Sie weisen öffentlich-rechtliche Streitigkeiten nichtverfassungsrechtlicher Art, für die gemäß § 40 I VwGO eigentlich der Verwaltungsrechtsweg eröffnet wäre, ausdrücklich anderen Gerichten als den Verwaltungsgerichten zu. Wegen ihrer Spezialisierung im jeweiligen Sachgebiet entscheiden z.B. Finanzgerichte gemäß § 33 FGO in öffentlich-rechtlichen Streitigkeiten über Abgabenangelegenheiten, Sozialgerichte gemäß § 51 SGG über Sozialversicherungsangelegenheiten. Nach § 23 EGGVG ist darüber hinaus etwa die Entscheidung über Streitigkeiten bei Justizverwaltungsakten auf dem Gebiet der Strafrechtspflege den Strafgerichten zugewiesen, ebenso wie diejenige über die Anfechtung von Bußgeldbescheiden gemäß §§ 62, 68 OWiG.

Zurück zu Fall 9: Die Lösung finden Sie, wenn Sie einen Blick in § 68 OWiG werfen. Nach dieser Vorschrift sind für Anfechtungen von Bußgeldbescheiden die ordentlichen Gerichte zuständig. V muss einen Einspruch also an das örtliche Strafgericht richten.

Die Prüfungsabfolge für die Eröffnung des Verwaltungsrechtswegs fasst Prüfschema 1 nochmals zusammen.

Prüfschema 1: Verwaltungsrechtsweg

Der Verwaltungsrechtsweg kann aufgrund einer **aufdrängenden Sonderzuweisung** oder der **Generalklausel** des § 40 I VwGO eröffnet sein.

1. Aufdrängende Sonderzuweisungen

Aufdrängende Sonderzuweisungen weisen einen Rechtsstreit explizit den Verwaltungsgerichten zu, z.B. § 126 BRRG, § 54 BAFöG, §§ 8 IV, 12, 16 III 2 HandwO.

2. Generalklausel, § 40 I VwGO

Ist keine aufdrängende Sonderzuweisung ersichtlich, sind die Voraussetzungen der Generalklausel des § 40 I VwGO durchzuprüfen:

a) **öffentlich-rechtliche Streitigkeit:** Zunächst muss es sich um eine öffentlich-rechtliche Streitigkeit handeln, d.h. die streitentscheidende Norm muss dem öffentlichen Recht zuzuordnen sein. Abgrenzungsfragen zu Privatrechtsstreitigkeiten treten dabei insbesondere bei Hausverboten, Verträgen zwischen Bürger und Verwaltung, Gewährung bzw. Rückforderung von Subventionen sowie Realakten auf.

b) **nichtverfassungsrechtlicher Art:** Die öffentlich-rechtliche Streitigkeit muss darüber hinaus nichtverfassungsrechtlicher Art sein. Verfassungsrechtlicher Art ist eine Streitigkeit allerdings nur bei „doppelter Verfassungsunmittelbarkeit" (beide Streitsubjekte müssen unmittelbar am Verfassungsleben teilnehmen; es geht um Rechte oder Pflichten, die unmittelbar in der Verfassung geregelt sind).

c) **keine abdrängende Sonderzuweisung:** Schließlich können Spezialvorschriften die Streitigkeit trotz ihres öffentlich-rechtlichen Charakters nichtverfassungsrechtlicher Art anderen Gerichten als den Verwaltungsgerichten zuweisen, z.B. § 33 FGO, § 23 EGGVG, § 68 OWiG.

Lektion 2: Allgemeine Sachentscheidungsvoraussetzungen

Ist der Verwaltungsrechtsweg eröffnet, sind die Verwaltungsgerichte zu einer Entscheidung über die jeweilige Streitigkeit berufen. Eine Entscheidung in der Sache dürfen Sie allerdings nur treffen, wenn weitere Voraussetzungen gegeben sind: Z.B. muss der Kläger das zuständige Gericht angerufen haben, überhaupt prozessfähig sein, die Klage ordnungsgemäß erhoben und Fristen eingehalten haben etc. Insofern unterscheidet man allgemeine Sachentscheidungsvoraussetzungen, die für alle verwaltungsgerichtlichen Verfahren gelten, und besondere, die nur bei bestimmten Klagearten zu berücksichtigen sind.

Fehlt es an einer Sachentscheidungsvoraussetzung, wird die Klage vom Gericht als unzulässig zurückgewiesen. Es trifft dann allein aufgrund des Fehlens dieser Voraussetzung keine Entscheidung mehr in der Sache, beschäftigt sich also nicht mehr mit der Frage, ob dem materiellen Begehren des Klägers stattzugeben, seine Klage mithin begründet war.

Damit sind auch bereits zwei Stichwörter angesprochen, die den Aufbau einer verwaltungsprozessrechtlichen Prüfung vorgeben und in den folgenden Prüfschemata immer wieder zu finden sein werden: Zulässigkeit und Begründetheit. In der Zulässigkeit einer Klage sind allgemeine und besondere Sachentscheidungsvoraussetzungen zu prüfen, während die Begründetheit die Frage anbelangt, ob dem Begehren des Klägers in der Sache stattzugeben ist; dies wiederum richtet sich insbesondere nach dem materiellen, im Band Verwaltungsrecht – *leicht gemacht*® behandelten materiellen Recht.

Übersicht 2: Verwaltungsprozessrechtliche Prüfung

Aufbau einer verwaltungsprozessrechtlichen Prüfung

Die verwaltungsprozessrechtliche Prüfung ist in **zwei** Schritten vorzunehmen:

A) Zulässigkeit

In der Zulässigkeit werden die formellen Voraussetzungen der Klagerhebung, die **Sachentscheidungsvoraussetzungen**, geprüft. Fehlt es an einer Sachentscheidungsvoraussetzung, weist das Gericht die Klage als **unzulässig** zurück.

> **Allgemeine** Sachentscheidungsvoraussetzungen gelten dabei für alle verwaltungsgerichtlichen Verfahren, **besondere** Sachentscheidungsvoraussetzungen nur für bestimmte.
> Ob der in der vorangegangenen Lektion behandelte „Verwaltungsrechtsweg" unter den Zulässigkeitsvoraussetzungen einzuordnen ist oder einen eigenen, als erstes zu behandelnden Prüfungspunkt bildet, wird unterschiedlich gesehen. Richten Sie sich am besten danach, wie Ihr Dozent verfährt. In diesem Band wird er als Zulässigkeitsvoraussetzung behandelt.
>
> **B) Begründetheit**
> In der Begründetheit wird der **materielle Anspruch** des Klägers untersucht. Dieser richtet sich vor allem nach dem allgemeinen und besonderen Verwaltungsrecht.

Wir widmen uns zunächst den allgemeinen Sachentscheidungsvoraussetzungen, die für alle verwaltungsgerichtlichen Klagearten und auch im vorläufigen Rechtsschutz gelten. Ein Hinweis: Befassen Sie sich in der Prüfung mit den allgemeinen Sachentscheidungsvoraussetzungen nur, soweit sie im Einzelfall problematisch sind. Ansonsten können Sie in der Klausur etwa formulieren: „Am Vorliegen der allgemeinen Sachentscheidungsvoraussetzungen bestehen keine Zweifel."

Zu den allgemeinen Sachentscheidungsvoraussetzungen im Einzelnen:

Zuständigkeit

Fall 10
Behörde B untersagt dem U die weitere Ausübung seines Gewerbebetriebs. U ist erbost und will klagen: Aus einer abgebrochenen Rechtspflegerausbildung entsinnt er sich, dass er sich an die Verwaltungsgerichte halten muss, da es sich um eine öffentlich-rechtliche Streitigkeit handelt. Er meint jedoch, dass eine Streitigkeit von solchem Gewicht nur vor dem Bundesverwaltungsgericht selbst verhandelt werden dürfte. Liegt U richtig?

Die Frage nach der gerichtlichen Zuständigkeit steht zwar mit derjenigen des Verwaltungsrechtswegs in sachlichem Zusammenhang, ist aber streng von ihr zu trennen: Bei der Eröffnung des Verwaltungsrechtswegs geht es darum festzustellen, ob für eine bestimmte Streitigkeit die Verwaltungsgerichte anzurufen sind. Ist auf diese Weise erst einmal geklärt, dass überhaupt die Verwaltungsgerichte anzurufen sind, ist im Rahmen der allgemeinen Sachentscheidungsvoraussetzungen zu ermitteln, welches der Verwaltungsgerichte für die Entscheidung über den Rechtsstreit sachlich und örtlich zuständig ist.

Die sachliche Zuständigkeit

Die sachliche Zuständigkeit regelt die Verteilung eines erstinstanzlichen Rechtsstreits nach seinem Streitgegenstand auf die verschiedenen Verwaltungsgerichte (Verwaltungsgericht, Oberverwaltungsgericht, Bundesverwaltungsgericht).

In der ersten Instanz sachlich zuständig ist gemäß § 45 VwGO grundsätzlich das Verwaltungsgericht (VG). Eine Unterscheidung nach Streitwerten wie im Zivilrecht kennt die VwGO nicht. Vor allem in besonders bedeutsamen Angelegenheiten wird von der grundsätzlichen erstinstanzlichen Zuständigkeit des Verwaltungsgerichts Ausnahmen gemacht (vgl. §§ 47, 48, 50 VwGO). In der Prüfung wird eine Abweichung von der grundsätzlichen erstinstanzlichen Zuständigkeit der Verwaltungsgerichte kaum vorkommen. Allein das verwaltungsgerichtliche Normenkontrollverfahren vor dem OVG gemäß § 47 I VwGO spielt dort eine nicht unwesentliche Rolle (hierzu mehr in Lektion 9).

Instanzenzug

Einen Sonderfall der sachlichen Zuständigkeit stellt die instanzielle Zuständigkeit dar: Sie spielt insbesondere im Rechtsmittelverfahren bei der Frage eine Rolle, welche der drei Instanzen für welches Rechtsmittel zuständig ist:

- ▶ Verwaltungsgerichte
- ▶ Oberverwaltungsgerichte
- ▶ Bundesverwaltungsgericht

Lektion 2: Allgemeine Sachentscheidungsvoraussetzungen

Als Rechtsmittel wird ein förmlicher Rechtsbehelf zur Überprüfung von Gerichtsentscheidungen (z.B. Urteil, Beschluss) durch ein anderes Gericht bezeichnet. Das Rechtsmittel bewirkt, dass der Rechtsstreit in die nächsthöhere Instanz geht (sog. **Devolutiveffekt**) und eine Hemmung der Rechtskraft eintritt, so dass die angefochtene Entscheidung – vorerst – nicht rechtskräftig wird (sog. **Suspensiveffekt**).

Im Wesentlichen lassen sich drei Rechtsmittel unterscheiden:

- ▶ die Berufung
- ▶ die Revision
- ▶ die Beschwerde

Mit der Berufung nach §§ 124 ff VwGO wird ein erstinstanzliches Urteil sowohl tatsächlich (Sachverhaltswürdigung) als auch rechtlich (Beurteilung) überprüft. Instanziell zuständig für das Berufungsverfahren sind gemäß § 46 Nr. 1 VwGO die Oberverwaltungsgerichte (in Bayern, Hessen und Baden-Württemberg „Verwaltungsgerichtshöfe" genannt).

Im Unterschied zur Berufung findet bei der Revision nach §§ 132 ff VwGO nur eine reine Rechtskontrolle statt. Instanziell zuständig für das Revisionsverfahren ist gemäß § 49 VwGO das Bundesverwaltungsgericht. Gegenstand einer Revision können Urteile des Oberverwaltungsgerichts nach § 132 VwGO oder Urteile des Verwaltungsgerichts nach §§ 134, 135 VwGO sein (vgl. § 49 Nr. 1 und Nr. 2 VwGO). Im letzteren Fall spricht man von der sog. **Sprungrevision**, da die Berufungsinstanz „übersprungen" wird (vgl. § 134 I VwGO).

Die Beschwerde gemäß § 146 VwGO ist grundsätzlich gegen Entscheidungen des Verwaltungsgerichts zulässig, die nicht Urteile oder Gerichtsbescheide sind, wie z.B. Beschlüsse im vorläufigen Rechtsschutz nach §§ 80, 80a, 123 VwGO (vgl. § 146 IV VwGO). Zuständig für die Beschwerde ist – soweit nichts anderes bestimmt ist – gemäß § 146 I VwGO das Oberverwaltungsgericht."

Örtliche Zuständigkeit

Von der sachlichen unterscheidet man die örtliche Zuständigkeit, also die Frage der räumlichen Verteilung der erstinstanzlichen Rechtsstreitigkeiten. Die örtliche Zuständigkeit der Verwaltungsgerichte regelt § 52 VwGO.

Auch die räumliche Zuständigkeit wird in der Prüfung kaum Schwierigkeiten aufwerfen: Die Kenntnis des insoweit maßgeblichen § 52 VwGO genügt. Problemfälle lassen sich mit seinem ausführlichen Wortlaut in der Regel gut in den Griff bekommen.

Die gerichtliche Zuständigkeit bildet übrigens innerhalb der Sachentscheidungsvoraussetzungen eine Ausnahme: Die Anrufung eines unzuständigen Gerichts führt nicht etwa zur Unzulässigkeit der erhobenen Klage. Das Gericht hat nach § 83 VwGO i.V.m. § 17a II GVG vielmehr seine Unzuständigkeit festzustellen und die Sache von Amts wegen an das zuständige Gericht zu verweisen.

Zurück zu Fall 10: Trotz des Gewichts, das der Gewerbeuntersagung für U zukommt, wird dieser vor dem Verwaltungsgericht klagen müssen. Gemäß § 45 VwGO ist dieses erstinstanzlich sachlich zuständig, Ausnahmen im Sinne der §§ 47, 48 oder 50 VwGO greifen hier nicht.

Personenbezogene Sachentscheidungsvoraussetzungen

Die erhobene Klage muss weiterhin bestimmte auf die am Prozess beteiligten Personen bezogene Voraussetzungen erfüllen, um zulässig zu sein. Wer aber ist überhaupt Beteiligter eines verwaltungsgerichtlichen Rechtsstreits? § 63 VwGO gibt abschließend hierüber Auskunft; Beteiligte im Verwaltungsrechtsstreit sind danach zum einen Kläger und Beklagter.

Während der Vertreter des Bundesinteresses/öffentlichen Interesses nach § 63 Nr. 4 VwGO in der Prüfung kaum einmal eine Rolle spielt, kann außerdem auch ein Beigeladener (§ 63 Nr. 3) Beteiligter eines Prozesses sein: Bei einer Beiladung wird ein Dritter, dessen rechtliche Interessen vom Ausgang des Rechtsstreits berührt sein können, in einen anhängigen Prozess einbezogen. Z.B. ist ein Bauherr beizuladen, wenn gegen dessen Baugenehmigung durch den Nachbarn gerichtlich vorgegangen wird. Sein Recht zu bauen höbe das Gericht im Fall eines Klageerfolgs nämlich auf.

Die Beiladung ist eine verwaltungsprozessrechtliche Besonderheit: Sinn der Beiladung ist es, dem durch das Verfahren in seinen rechtlichen Interessen berührten Dritten die Möglichkeit zu geben, diese wahrzunehmen und ihn so nicht etwa „außen vor zu lassen". Zudem dient die Beiladung prozessökonomischen Aspekten: Die Rechtskraft eines Urteils erstreckt sich gemäß §§ 121 Nr. 1, 63 Nr. 3 VwGO auch auf den Beigeladenen als Beteiligten des Verfahrens. Ein erneutes Verfahren mit demselben Streitgegenstand kann von ihm daher nicht mehr eingeleitet werden.

Ein Beteiligter muss insbesondere die folgenden drei allgemeinen Sachentscheidungsvoraussetzungen erfüllen:

- ▶ Beteiligungsfähigkeit
- ▶ Prozessfähigkeit
- ▶ Postulationsfähigkeit

Dies nun im Einzelnen:

Beteiligtenfähigkeit

Fall 11
Der Kieler Jurastudent J hat auf einer Fachschaftsparty kräftig einen über den Durst getrunken. Am Eingang bedroht und beschimpft er die Schlange stehenden Sozialpädagogikstudenten, dass sie hier nichts zu suchen hätten. Die herbeigerufene Polizei erteilt dem S daher einen Platzverweis. Als J sich auch hiervon nicht beeindrucken lässt und munter weiter die „ganzen langhaarigen Hippies" beleidigt, nimmt die Polizei den J in Gewahrsam. Die Polizeidirektion Kiel übersendet dem wieder ausgenüchterten J einen Kostenbescheid für die Ingewahrsamsnahme. J fragt sich, ob er die Polizeidirektion Kiel verklagen könnte oder ob seine Klage dann als unzulässig abgewiesen würde. Was ist richtig?

Die Beteiligtenfähigkeit richtet sich nach § 61 VwGO. Gemäß § 61 Nr. 1 sind natürliche und juristische Personen des öffentlichen (Körperschaften, Anstalten, Stiftungen) und Privatrechts (rechtsfähige Vereine, AG, GmbH etc.) beteiligtenfähig, nach § 61 Nr. 2 nicht rechtsfähige Vereinigungen (z.B. nicht rechtsfähige Vereine, Fakultäten einer Uni), soweit ihnen ein Recht zustehen kann. Behörden sind gemäß § 61 Nr. 3 grundsätzlich nicht beteiligtenfähig, da sie nicht Träger von Rechten und Pflichten sein können. Nur ausnahmsweise können sie beteiligtenfähig sein, nämlich bei gesetzlicher Bestimmung im Landesrecht. In Nordrhein-Westfalen etwa sind Behörden gemäß § 5 I AG VwGO beteiligtenfähig, in Baden-Württemberg sind sie es mangels einer ähnlichen Bestimmung dagegen nicht.

Zurück zu Fall 11: Gemäß § 6 AG-VwGO SH sind Landesbehörden des Landes Schleswig-Holstein beteiligtenfähig. Die Polizeidirektion Kiel kann mithin als Beklagter am Verfahren beteiligt sein. Eine entsprechende, gegen sie gerichtete Klage des J würde nicht als unzulässig zurückgewiesen werden.

Prozessfähigkeit

Fall 12
Der elfjährige Wunderknabe W beabsichtigt, in Michael Schumachers Fußstapfen zu treten. Getreu dem Motto „Früh übt sich" beantragt er die Erteilung einer Fahrerlaubnis für Personenkraftwagen. Die zuständige Behörde B lehnt den Antrag ab. Hierauf fertigt W einen Eilantrag an und schickt diesen ans örtliche Verwaltungsgericht. Ist der Eilantrag des W zulässig?

Die Beteiligten müssen weiterhin prozessfähig sein. Prozessfähigkeit ist die Fähigkeit, wirksam Prozesshandlungen (bspw. Klageerhebung, Klagerücknahme etc.) vorzunehmen bzw. entgegenzunehmen. Prozessfähig sind gemäß § 62 I VwGO grundsätzlich nur natürliche Personen. § 62 I Nr. 1 fordert zudem die unbeschränkte Geschäftsfähigkeit, wobei § 62 I Nr. 2 auch Minderjährigen für die Bereiche, in denen sie als geschäftsfähig anzusehen sind (insbesondere also dem der §§ 112, 113 BGB,) die Prozessfähigkeit zuspricht.

Ist ein Beteiligter nicht selbst prozessfähig, muss er sich vertreten lassen. Für prozessunfähige natürliche Personen führt der gesetzliche Vertreter den Prozess. So können etwa nur die Eltern (vgl. §§ 1626 I, 1629 I BGB) eines minderjährigen Kindes für dieses wirksam Klage erheben. Auch „Vereinigungen" i.S.d. § 62 III VwGO (sämtliche juristischen Personen des öffentlichen und Privatrechts sowie nicht rechtsfähige Vereinigungen) müssen im Prozess durch ihre gesetzlichen Vertreter vertreten werden. So wird etwa der Landkreis nach der jeweiligen Landkreisordnung durch den Landrat, die Gemeinde nach der Gemeindeordnung durch den Bürgermeister vertreten.

In Fall 12 ist der Eilantrag des W unzulässig. Nach § 62 Abs. 1 VwGO sind nur Geschäftsfähige prozessfähig (Ausnahme: § 62 Abs. 1 Nr. 2 VwGO i.V.m. §§ 112, 113 BGB). Nur die Eltern des W könnten als dessen Vertreter einen wirksamen Eilantrag für ihn einreichen (§§ 1626 I, 1629 I BGB) – dem allerdings in der Sache wenig Erfolg beschieden sein dürfte.

Postulationsfähigkeit

Fall 13

Hobbyjurist H hat eine große Leidenschaft: Bei jeder sich bietenden Gelegenheit überzieht er seine Landkreisbehörde mit baurechtlichen Drittwiderspruchsklagen. Nach einer erfolglosen Klage legt H vor dem zuständigen Oberverwaltungsgericht Berufung ein. Auf die Hilfe eines Rechtsanwaltes – seiner Meinung nach sowieso alles Aufschneider – verzichtet er. Ist die Berufung des H zulässig?

Postulationsfähigkeit ist die Fähigkeit, in eigener Person prozessual handeln zu können. Vor den Verwaltungsgerichten sind die Beteiligten, wie sich aus § 67 II VwGO ergibt, selbst postulationsfähig; es besteht kein sogenannter Anwaltszwang. Vor den Oberverwaltungsgerichten bzw. dem Bundesverwaltungsgericht hingegen ist eine Prozessvertretung der Beteiligten durch einen Rechtsanwalt oder einen Hochschullehrer erforderlich, § 67 I VwGO. Der hier bestehende Anwaltszwang soll insb. der Beschleunigung des Verfahrens auf dem Wege eines konzentrierten, rechtskundigen Prozessierens dienen.

In Fall 13 ist die eingelegte Berufung demnach unzulässig. Nach § 67 Abs. 4 VwGO gilt vor den Oberverwaltungsgerichten Anwaltszwang. H ist vor dem Oberwaltungsgericht nicht postulationsfähig.

Formbezogene Sachentscheidungsvoraussetzungen: Ordnungsgemäße Klageerhebung

Fall 14

Sparfuchs S will vor Gericht ziehen. Eine entsprechende Klagschrift hat er mit seinem Textprogramm aufgesetzt. Um sich die Mühen einer Unterschrift zu sparen, hat er sein Programm so eingerichtet, dass es Schriftstücke stets automatisch mit einer einmal eingescannten Unterschrift versieht. Um zudem nicht für Porto aufkommen zu müssen, versendet S seine Klagschrift per Telefax. Ist die Klage zulässig?

Eine Klage muss ordnungsgemäß erhoben worden sein, damit das Gericht in der Sache befinden kann. Es lassen sich insoweit zwei Arten von Voraussetzungen unterscheiden: Welche Anforderungen an die äußere Form der Klage zu stellen sind (formelle Anforderungen), regelt § 81 VwGO. Was die Klage in inhaltlicher Hinsicht aufweisen muss (inhaltliche Anforderungen), bestimmt § 82 VwGO; dies ist jedoch kaum prüfungsrelevant.

Zwingend erforderlich für eine wirksame Klageerhebung ist gemäß § 81 I VwGO deren Schriftform. (Gemäß § 81 I 2 VwGO ist auch eine Klagerhebung zur Niederschrift des Urkundsbeamten möglich, diese ist jedoch kaum prüfungsrelevant.) Die von § 81 I VwGO geforderte Schriftlichkeit der Klage verfolgt zwei Zwecke: Zum einen soll die Urheberschaft nachvollzogen werden können: Das Schriftformerfordernis soll also der Feststellung dienen, dass die Klage auch tatsächlich vom Kläger herrührt. Die Identität des Absenders soll sich mithin aus der Klagschrift entnehmen lassen. Darüber hinaus soll die Formanforderung gewährleisten, dass es sich bei der Klage um eine gewollte prozessuale Erklärung, also nicht etwa lediglich um einen Entwurf handelt – dass also ein entsprechender „Verkehrswille" vorhanden war.

Grundsätzlich ist für die Einhaltung des Schriftformerfordernisses des § 81 I VwGO eine eigenhändige Unterzeichnung der eingereichten Klagschrift durch den Kläger bzw. dessen Prozessbevollmächtigten erforderlich. Nicht ausreichend sind demnach etwa die telefonische Klagerhebung, eine lediglich maschinenschriftliche Namenwiedergabe oder der bloße Stempel auf dem Schriftstück. Dies liegt daran, dass Urheberschaft und Verkehrswille in diesen Fällen nicht mit hinreichender Gewissheit festgestellt werden können. Die Gefahr einer Verwechslung bzw. des Missbrauchs durch Dritte ist hier zu groß.

Eine eigenhändige Unterschrift im Original ist jedoch nicht stets notwendig: Sie kann nach dem Zweck des Schriftformerfordernisses vielmehr fehlen, wenn sich aus der Klagschrift eindeutig und ohne Notwendigkeit einer Rückfrage ergibt, dass sie von der als Verfasser angegebenen Person herrührt (Urheberschaft) und mit ihrem Willen an das Gericht gelangt ist (Verkehrswille). Dem Sinn der Schriftform ist auf diese Weise etwa auch bei einem Telefax mit eingescannter Unterschrift, handschriftlicher Unterzeichnung einer der Klage beigefügten Vollmacht oder Klagerhebung mittels Fotokopie eines handschriftlich unterzeichneten Schreibens Genüge getan.

In Fall 14 ist den Zwecken der Schriftform des § 81 I VwGO – Feststellung von Urheberschaft und Verkehrswille – genügt. Aus den Umständen ergibt sich, dass sie von S herrührt und mit seinem Willen an das Gericht gelangt ist. Die Klage ist mithin formgerecht eingelegt, auch wenn eine eigenhändige Unterschrift im Original hier fehlt.

Rechtsschutzbezogene Sachentscheidungsvoraussetzungen

Keine entgegenstehende Rechtskraft

Fall 15

Der Landkreis L hat gegenüber dem Bürger B eine Abrissverfügung erlassen. Dieser hatte ohne Baugenehmigung auf seinem Grundstück einen mittelalterlichen Wachturm in gotischer Architektur errichten lassen. Die Klage des B gegen die Abrissverfügung hat das örtliche Verwaltungsgericht abgewiesen. Die Berufungsfrist hat der B verstreichen lassen. Um sein architektonisches Kleinod zu retten, legt B einfach erneut Klage gegen die Abrissverfügung vor dem örtlichen Verwaltungsgericht ein. Ist diese Klage zulässig?

Nach § 121 VwGO binden rechtskräftige Urteile die Beteiligten des Rechtsstreits und deren Rechtsnachfolger. § 121 VwGO dient der Rechtssicherheit: Unanfechtbare Entscheidungen sollen nicht infrage gestellt werden können.

Rechtskräftig ist ein Urteil im Sinne dieser Vorschrift, wenn es sowohl formell rechtskräftig ist als auch die Fähigkeit zur materiellen Rechtskraft hat. Formell rechtskräftig wiederum ist ein Urteil, wenn es nicht mehr mit Rechtsbehelfen angegriffen werden kann. Dies ist der Fall, wenn kein Rechtsmittel mehr zulässig ist, die Rechtsmittelfristen abgelaufen sind oder alle Beteiligten auf Rechtsmittel verzichtet haben. Die Fähigkeit zur materiellen Rechtskraft haben Endurteile; fehlen kann diese Fähigkeit z.B. bei Zwischenurteilen oder nichtigen Urteilen.

In Fall 15 ist die Klage des B unzulässig. Das Urteil des Verwaltungsgerichts ist in formeller und materieller Hinsicht rechtskräftig. Nach § 121 VwGO entfaltet dieses Urteil Bindungswirkung. Eine erneute Klage ist unzulässig.

Allgemeines Rechtsschutzbedürfnis

Fall 16

Hotelier H hegt ein grundsätzliches Misstrauen gegen die deutsche Verwaltung. Die Genehmigung für den Ausbau seines Hotels beantragt er daher nicht bei der Baubehörde, sondern erhebt gleich Klage auf Erteilung einer Baugenehmigung vor dem zuständigen Gericht. Ist die Klage zulässig?

Der Kläger muss ein schutzwürdiges Interesse an einer Entscheidung des Gerichts haben; er darf dieses nicht missbräuchlich in Anspruch nehmen. Das allgemeine Rechtsschutzbedürfnis fehlt insbesondere in den folgenden Fällen:

▶ Zum einen bei einem Missbrauch des Klagerechts, wenn es dem Kläger etwa nur auf eine Schädigung des Gegners oder eine Belästigung des Gerichts ankommt.

▶ Darüber hinaus bei Nutzlosigkeit einer Klage, wenn durch die Klage die Rechtsstellung des Klägers nicht verbessert werden kann (z.B. Klage auf Beamtenernennung, obwohl die Stelle schon an einen Konkurrenten vergeben wurde – wegen des Grundsatzes der Ämterstabilität ist eine Ernennung des Klägers dann nämlich nicht mehr möglich).

▶ Zudem lässt auch die Möglichkeit eines **einfacheren Erreichen des Ziels** das allgemeine Rechtsschutzbedürfnis entfallen: etwa wenn sich dies außergerichtlich (z.B. durch einen Antrag an die Behörde statt Klagerhebung) erreichen lässt.

▶ Schließlich kann das Klagerecht durch Zeitablauf **verwirkt** sein: Dazu muss jedoch längere Zeit seit der Möglichkeit der Geltendmachung des Rechts verstrichen sein und es müssen besondere Umstände hinzutreten, die eine verspätete Geltendmachung als Verstoß gegen Treu und Glauben erscheinen lassen.

Und wo ist in **Fall 16** das Problem? Natürlich im einfacheren erreichen den Ziels. Mit dem einfacheren Bauantrag ist die Erlaubnis zum Hotelausbau einfacher und direkter zu erreichen. Wenn der jedoch abgelehnt würde, dann stände der Rechtsweg offen. Jetzt, ohne dies, ist die Klage jedoch unzulässig.

Leitsatz 2

Allgemeines Rechtsschutzbedürfnis

Der Kläger muss ein schutzwürdiges Interesse an einer Entscheidung des Gerichts haben; er darf dieses **nicht missbräuchlich** in Anspruch nehmen.

Das allgemeine Rechtsschutzbedürfnis fehlt insbesondere in den folgenden Fallgruppen:

▶ **Missbrauch** des Klagerechts

▶ **Nutzlosigkeit einer Klage**

▶ **einfacheres Erreichen des Ziels**

▶ **Verwirkung durch Zeitablauf**

Übersicht 3 fasst die wichtigsten allgemeinen Sachentscheidungsvoraussetzungen noch einmal zusammen:

Übersicht 3: Allgemeine Sachentscheidungsvoraussetzungen

Allgemeine Sachentscheidungsvoraussetzungen (SEV) gelten für alle verwaltungsgerichtlichen Verfahren. Fehlt es an einer Sachentscheidungsvoraussetzung, wird die Klage vom Gericht als unzulässig zurückgewiesen.

- ▶ **gerichts**bezogene SEV:
  Sachliche Zuständigkeit des Gerichts, § 45 VwGO
  Örtliche Zuständigkeit des Gerichts, § 52 VwGO

- ▶ **personen**bezogene SEV:
  Beteiligtenfähigkeit, § 61 VwGO
  Prozessfähigkeit, § 62 VwGO
  Postulationsfähigkeit, § 67 VwGO

- ▶ **form**bezogene SEV:
  Ordnungsgemäße Klagerhebung, §§ 81, 82 VwGO

- ▶ **rechtsschutz**bezogene SEV:
  Keine entgegenstehende Rechtskraft
  Allgemeines Rechtsschutzbedürfnis

Lektion 3: Die verwaltungsgerichtlichen Klagearten im Überblick

Die VwGO kennt mehrere Klagearten zur Durchsetzung von Rechtsschutzzielen; welche jeweils infrage kommt, richtet sich nach dem Begehren des Klägers. Unterschieden werden dabei:

- ▶ Gestaltungsklagen
- ▶ Leistungsklagen
- ▶ Feststellungsklagen

Gestaltungsklage

Fall 17
Die Fahrerlaubnisbehörde entzieht dem Bürger B per Bescheid die Fahrerlaubnis. B will dagegen gerichtlich vorgehen. Welche Klageart ist statthaft?

In vielen Fällen geht es dem Kläger um die Aufhebung einer behördlichen Verfügung, etwa einer Gewerbeuntersagung, eines Platzverweises, einer Abrissverfügung etc. Ist der Kläger mit seinem Begehren erfolgreich, hebt das Verwaltungsgericht die entsprechende Verfügung auf, schafft sie also sozusagen aus der Welt und ändert damit unmittelbar die Rechtslage. Die Anfechtungsklage gemäß § 42 I 1. Alternative VwGO, mit der der Kläger die Aufhebung eines Verwaltungsakts begehrt, ist demnach eine Gestaltungsklage.

In Fall 17 ist die Anfechtungsklage statthafte Klageart: B begehrt die Aufhebung des Bescheides, mit dem ihm die Fahrerlaubnis entzogen wurde. Hat er mit seiner Klage Erfolg, gestaltet das Gericht durch Aufhebung der Fahrerlaubnisentziehung die Rechtslage neu.

Leistungsklagen

■ Fall 18
Der Inhaber eines Wachdienstes I beantragt bei der zuständigen Behörde die Erlaubnis zum Führen einer Schusswaffe. Die Behörde lehnt den Antrag des I ab. Welche Klageart wäre hier die richtige?

Häufig begehrt der Kläger von der Verwaltung auch ein bestimmtes Tun, Dulden oder Unterlassen, kurz: eine Leistung. Die VwGO kennt zwei Arten von Klagen, mit denen ein Leistungsbegehren durchgesetzt werden kann:

▶ die Verpflichtungsklage

▶ die allgemeine Leistungsklage

Die Verpflichtungsklage im Sinne von § 42 I 2. Alternative VwGO ist auf den Erlass eines Verwaltungsakts gerichtet, bspw. auf Erteilung einer von der Behörde abgelehnten Baugenehmigung oder Vergabe einer Subvention, wenn die Verwaltung den Antrag des Klägers unbearbeitet gelassen hat. In solchen Fällen kann das Gericht die Verwaltung zum Erlass des begehrten Verwaltungsakts verpflichten. Unmittelbar auf die Rechtslage eingewirkt wird dadurch allerdings nicht, muss die Behörde den entsprechenden Verwaltungsakt doch erst noch erlassen. Das Gericht spricht lediglich die Verpflichtung hierzu aus.

In Fall 18 müsste I eine Verpflichtungsklage erheben. Er begehrt die Erlaubnis, eine Schusswaffe führen zu dürfen. Die alleinige Aufhebung des ablehnenden Bescheides würde ihm nicht weiterhelfen.

■ Fall 19
E ist Inhaber einer Eisdiele. Die Gesundheitsbehörde warnt auf ihrer Homepage vor dem Verzehr des Eises von E; dieses sei gesundheitsgefährdend. E will gegen die Warnung gerichtlich vorgehen und erreichen, dass die Gesundheitsbehörde die Warnung von ihrer Homepage entfernt. Statthafte Klageart?

Die zweite Form der Leistungsklage, die die VwGO vorsieht, ist die allgemeine Leistungsklage: Mit ihr kann der Kläger die Verurteilung der Verwaltung zu einem bestimmten Tun, Dulden oder Unterlassen durch das

Gericht durchsetzen, soweit dieses nicht im Erlass eines Verwaltungsakts besteht. Die Verpflichtungsklage geht der allgemeinen Leistungsklage nämlich als speziellere Klageart vor. Die allgemeine Leistungsklage kann also etwa auf Auskunftserteilung oder das Unterlassen von Emissionen gerichtet sein. Sie ist im Gesetz nicht explizit geregelt, wird aber von der VwGO etwa in § 43 II VwGO als vorhanden vorausgesetzt.

E müsste in Fall 19 daher eine allgemeine Leistungsklage vor dem Verwaltungsgericht erheben: Er begehrt ein Unterlassen der Gesundheitsbehörde.

Feststellungsklagen

Neben Gestaltungs- und Leistungsklagen bilden die Feststellungsklagen die dritte Gruppe von Klagearten. Hier sind zu unterscheiden:

- die Allgemeine Feststellungsklage
- die Fortsetzungsfeststellungsklage

Fall 20

Das Kreiswehrersatzamt beruft den Abiturienten A zum Wehrdienst ein, obwohl die Wehrpflicht bereits abgeschafft ist. Der zuständige Beamte B ist nämlich der Meinung, die heutige Jugend sei schon verweichlicht genug. Abiturienten ohne Wehrdienst ins weitere Leben zu entlassen, könne er nicht mit seinem Gewissen vereinbaren. A will, dass ein Verwaltungsgericht den Einberufungsbescheid für nichtig erklärt. Welche Klage muss A einreichen?

Mit der allgemeinen Feststellungsklage im Sinne von § 43 I VwGO kann der Kläger die Feststellung durch das Gericht erreichen, dass ein konkretes Rechtsverhältnis besteht bzw. nicht besteht, z.B. dass ein bulgarischer Doktorgrad auch in Deutschland als entsprechender Titel anzuerkennen ist. Außerdem kann der Kläger mit der allgemeinen Feststellungsklage die gerichtliche Feststellung erlangen, dass ein bestimmter Verwaltungsakt nichtig ist, etwa weil er an einem besonders schwerwiegenden Fehler leidet.

In Fall 20 kann A eine Feststellungsklage vor dem Verwaltungsgericht einreichen. Er begehrt die Feststellung, dass der Einberufungsbescheid im Sinne von § 44 I VwVfG nichtig ist. Dies ist der Fall, da die Wehrpflicht abgeschafft ist.

Fall 21
Die Baubehörde B erlässt eine Abrissverfügung: Immobilieneigentümer I soll auf seinem Grundstück eine Garage abreißen. Nach erfolglosem Widerspruch erhebt I vor dem Verwaltungsgericht Anfechtungsklage. Während des Prozesses brennt die Garage ab. I plant, diese neu zu errichten. In welche Klageart kann I seine Klage umstellen?

Die Fortsetzungsfeststellungsklage im Sinne von § 113 I 4 VwGO als zweite Art der Feststellungsklagen ist auf eine gerichtliche Feststellung dahingehend gerichtet, dass ein erledigter Verwaltungsakt rechtswidrig gewesen ist. Erledigt ist ein Verwaltungsakt dann, wenn er keine Rechtswirkungen mehr entfaltet. Dennoch kann ein Interesse an der gerichtlichen Feststellung der Rechtswidrigkeit bestehen, wenn etwa zu befürchten ist, dass ein gleichartiger Verwaltungsakt erneut erlassen wird.

In Fall 21 kann seine Anfechtungsklage in eine Fortsetzungsfeststellungsklage umstellen. Durch den Brand hat sich die Abrissverfügung erledigt. Er hat ein Interesse an einer gerichtlichen Feststellung der Rechtswidrigkeit der Abrissverfügung, da er die Errichtung einer neuen Garage auf seinem Grundstück plant.

Übersicht 4 bietet einen Überblick über die verschiedenen Klagearten, mit denen wir uns im Detail in den folgenden Lektionen befassen werden.

Die verschiedenen Klagearten unterscheiden sich insbesondere auch in den so genannten besonderen Sachentscheidungsvoraussetzungen, d.h. den Zulässigkeitsvoraussetzungen, die speziell für die jeweilige Klageart gelten.

Neben den vorgenannten Klagearten sind das Normenkontrollverfahren nach § 47 VwGO und der eilgerichtliche Rechtsschutz im Sinne der §§ 80 ff, 123 VwGO prüfungsrelevant. Diesen beiden Verfahrensarten sind die abschließenden Lektionen dieses Bands gewidmet.

Übersicht 4: Die verwaltungsgerichtlichen Klagearten

Je nach Begehren des Klägers kennt
die VwGO mehrere Klagearten:

Gestaltungsklagen ▼	Leistungsklagen ▼	Feststellungsklagen ▼
Anfechtungsklage	**Verpflichtungsklage**	**Allgemeine Feststellungsklage**
– Aufhebung VA	– Erlass VA	– Feststellung Rechtverhältnis/Nichtigkeit VA
	Allgemeine Leistungsklage	**Fortsetzungsfeststellungsklage**
	– sonstiges Tun, Dulden oder Unterlassen	– Feststellung Rechtswidrigkeit erledigter VA

II. Die einzelnen Klagearten

Lektion 4: Anfechtungsklage

Zulässigkeit der Anfechtungsklage

Die Anfechtungsklage ist die prüfungsrelevanteste der Klagearten, die Sie in der vorangegangenen Lektion im Überblick kennen gelernt haben. Sie hat wie dargelegt die Aufhebung eines Verwaltungsakts zum Ziel.

Damit eine Anfechtungsklage zulässig ist, müssen neben

- ▶ der Eröffnung des Verwaltungsrechtswegs und
- ▶ den allgemeinen Sachentscheidungsvoraussetzungen

vier besondere Sachentscheidungsvoraussetzungen erfüllt sein:

- ▶ Der Kläger muss klagebefugt sein,
- ▶ ein Widerspruchsverfahren durchgeführt,
- ▶ die Klagefrist eingehalten und
- ▶ den richtigen Klagegegner verklagt haben.

Übersicht 5 bietet vorab schon mal einen Überblick über die bei der Anfechtungsklage zu prüfenden Zulässigkeitsvoraussetzungen; ein ausführlicheres Prüfungsschema finden Sie am Ende der Lektion.

Nun zur Statthaftigkeit der Anfechtungsklage: Die im Rahmen des Verwaltungsrechtswegs zu klärenden Punkte haben Sie bereits in Lektion 1 kennengelernt, wir beginnen hier – nach der Übersicht 5 – dann mit der Frage, wann die Anfechtungsklage als richtige Klageart in Betracht kommt.

Übersicht 5: Zulässigkeit der Anfechtungsklage

I. Verwaltungsrechtsweg

II. Statthaftigkeit der Anfechtungsklage, § 42 I VwGO

III. Besondere Sachentscheidungsvoraussetzungen

1. Klagebefugnis, § 42 II VwGO

2. Widerspruchsverfahren, § 68 VwGO

3. Klagefrist, § 74 VwGO

4. Klagegegner, § 78 VwGO

IV. Allgemeine Sachentscheidungsvoraussetzungen

Statthaftigkeit der Anfechtungsklage

Fall 22

A will sich vor Gericht gegen die Schließung seiner Gaststätte wehren, B gegen die für sein Wochenendhaus ergangene Abrissverfügung vorgehen und C sich gegen die Sicherstellung seiner Pistole wenden. Welche Klageart ist jeweils die richtige?

Die statthafte Klageart richtet sich nach Klagziel und Klaggegenstand. Mit der Anfechtungsklage kann gemäß § 42 I VwGO die **Aufhebung** eines **Verwaltungsakts** begehrt werden. Regelmäßig geht es dem Kläger dabei um die Abwehr von Gebots-, Verbots- oder Vollstreckungsverwaltungsakten. Aber auch die Beseitigung von Nebenbestimmungen, insb. Auflagen etwa nach dem Gaststättengesetz, oder von Rücknahme- bzw. Widerrufsbescheiden kann Gegenstand einer Anfechtung sein.

Für die Klagebegehren von A, B und C aus Fall 22 ist jeweils die Anfechtungsklage die statthafte Klageart: Allen dreien geht es um die Aufhebung von Verwaltungsakten, nämlich einer Schließungs-, Abriss- bzw. Sicherstellungsverfügung.

Fall 23

G genießt von seinem Grundstück aus ungehinderten Seeblick, bis eines unschönen Tages Nachbar N mit Bauarbeiten für eine vierstöckige Landvilla beginnt. Dass N für diese Ungeheuerlichkeit eine Baugenehmigung vorweisen kann, empört G zutiefst: Er will diese aus der Welt schaffen. Welche Art von Klage müsste G vor Gericht erheben?

In der Prüfung nicht selten ist auch die Konstellation, dass eigentlich begünstigende Verwaltungsakte von Dritten angefochten werden, etwa wenn ein Unternehmer gegen den an einen Konkurrenten ergangenen Subventionsbescheid vorgeht: Auch in diesen Fällen nämlich ist Klagegenstand ein Verwaltungsakt, Klagziel dessen Aufhebung. Man spricht in diesen Konstellationen von einer Drittanfechtung.

Die Situation in Fall 23 ist ein Klassiker der Drittanfechtung: Statthafte Klageart für Grundstückseigentümer, die gegen eine dem Nachbarn erteilte Baugenehmigung vorgehen wollen, ist die Anfechtungsklage. Auch ihnen nämlich geht es um die Aufhebung eines Verwaltungsakts.

Übersicht 6: Statthaftigkeit der Anfechtungsklage

Die Anfechtungsklage ist die statthafte Klageart, wenn der Kläger

- ▶ die Aufhebung (**Klageziel**)
- ▶ eines Verwaltungsakts (**Klaggegenstand**)

begehrt.

Zu unterscheiden sind dabei insbesondere zwei Grundkonstellationen:

1. Der **Adressat** eines belastenden Verwaltungsakts begehrt dessen Aufhebung.
2. Ein **Dritter** begehrt die Aufhebung eines jemand anderen begünstigenden Verwaltungsaktes (**Drittanfechtung**).

Fall 24

A ist Spielhallenbesitzer, hat sich jedoch nie um eine Gewerbeerlaubnis für selbige bemüht. Als die Gewerbeaufsichtsbehörde hiervon erfährt, erlässt sie eine Schließungsverfügung. Kann A diese Verfügung mit der Anfechtungsklage anfechten?

Klaggegenstand ist bei der Anfechtungsklage stets ein Verwaltungsakt, dessen Aufhebung vom Kläger begehrt wird. Die Frage, ob ein Verwaltungsakt eigentlich vorliegt und damit die Anfechtungsklage statthaft ist, lässt sich in der Prüfung nicht immer ohne weiteres beantworten, stehen der Verwaltung zur Aufgabenerfüllung doch verschiedene Handlungsformen zur Verfügung. Der Frage, wann ein Verwaltungsakt vorliegt, sind die Lektionen 4 und 5 des Bands Verwaltungsrecht – *leicht gemacht*® gewidmet. § 35 VwVfG nennt dabei die fünf Merkmale, die einen Verwaltungsakt charakterisieren: Hoheitliche Maßnahme einer Behörde auf dem Gebiet des öffentlichen Rechts zur Regelung eines Einzelfalls mit Außenwirkung.

Im Übersicht 7 sind die Begriffsmerkmale jeweils erläutert:

Übersicht 7: Begriffsmerkmale des Verwaltungsakts

1. **Hoheitliche Maßnahme**:	einseitige Handlung mit Erklärungsgehalt
2. **Behörde**:	jede Stelle, die Aufgaben öffentlicher Verwaltung wahrnimmt
3. Gebiet des **öffentlichen Rechts**:	Ergehen der Maßnahme in Vollzug öffentlich-rechtlicher Vorschriften
4. **Regelung**:	Maßnahme final auf Rechtsfolge gerichtet
5. **Einzelfall**:	konkret-individuelle Regelung
6. **Außenwirkung**:	Rechtsfolgen treten gegenüber einer außerhalb der Verwaltung stehenden Person ein

In Fall 24 handelt es sich bei der Schließungsverfügung um eine einseitige Handlung einer Behörde, die aufgrund öffentlich-rechtlicher Vorschriften (§ 15 II GewO) ergeht und final auf eine Rechtsfolge (Rechtspflicht, die Spielhalle zu schließen) gerichtet ist. Es handelt sich um eine konkret-individuelle Regelung, nämlich bezüglich der Spielhalle des A, und die Rechtsfolgen treten außerhalb der Verwaltung ein. Die Schließungsverfügung stellt mithin einen Verwaltungsakt dar, dessen Aufhebung mit der Anfechtungsklage begehrt werden kann.

Besondere Sachentscheidungsvoraussetzungen

Wie eingangs bereits erwähnt, kennt die Anfechtungsklage vier besondere Sachentscheidungsvoraussetzungen:

- ▶ Klagebefugnis
- ▶ Widerspruchsverfahren
- ▶ Klagefrist
- ▶ Klagegegner

Dazu im Einzelnen:

Klagebefugnis

Fall 25
Die Aktiengesellschaft A erhält die Genehmigung zur Errichtung eines Braunkohlebergwerks in Süddeutschland. Windkraftfan W, im Bundesland zwischen den Meeren beheimatet, will gegen die Genehmigung mit einer Anfechtungsklage vorgehen: Derartige Umweltsünden müssten verhindert werden. Wäre eine Anfechtungsklage des W zulässig?

Gemäß § 42 II VwGO ist die Anfechtungsklage grds. nur dann zulässig, wenn der Kläger eine Verletzung in „seinen" Rechten geltend machen kann. Die gesetzlichen Ausnahmeregelungen zu diesem Erfordernis – vgl. § 42 II VwGO: „soweit gesetzlich nichts anderes bestimmt ist" – sind wenig prüfungsrelevant.

Der Zweck dieser Zulässigkeitsvoraussetzung ist folgender: Das Erfordernis der Klagebefugnis soll eine Erhebung von „Popularklagen" verhindern, mit denen der Kläger Interessen Dritter oder der Allgemeinheit geltend macht. Es dient damit letztlich einer Entlastung der Gerichte wie auch dem allgemeinen Rechtsfrieden.

Entgegen dem Wortlaut des § 42 II VwGO („geltend macht") genügt die bloße Behauptung einer Verletzung eigener Rechte nicht. Sie muss nach dem klägerischen Vorbringen vielmehr möglich erscheinen (sog. Möglichkeitstheorie). Insoweit verfährt die Rechtsprechung allerdings großzügig: Es fehlt nur dann an der Möglichkeit einer Rechtsverletzung, wenn offensichtlich und nach keiner Betrachtungsweise die vom Kläger behaupteten Rechte bestehen bzw. ihm zustehen können.

Eine Klagebefugnis ist also unter folgenden Voraussetzungen gegeben: Zunächst muss nach dem Klägervortrag ein subjektiv-öffentliches Recht bestehen, diesem also ein von der Rechtsordnung als schutzwürdig anerkanntes Individualinteresse zustehen können. Nach der sog. Schutznormtheorie entfaltet eine Rechtsnorm dann ein subjektives Recht, wenn sie nicht nur den Interessen der Allgemeinheit, sondern zumindest auch Individualinteressen zu dienen bestimmt ist. Zudem muss es sich um ein eigenes Recht des Klägers handeln. Und schließlich muss nach dem Klägervorbringen die Verletzung seines Rechts möglich erscheinen.

Übersicht 8: Klagebefugnis

Eine Anfechtungsklage ist **nur** zulässig, wenn der Kläger **klagebefugt** ist. Dadurch soll verhindert werden, dass der Kläger bloß Interessen Dritter oder der Allgemeinheit geltend macht (Ausschluss von Popularklagen).

Die Klagebefugnis ist unter drei Voraussetzungen gegeben:

1. **Bestehen eines subjektiven Rechts**: Ein solches liegt nach der Schutznormtheorie vor, wenn die angegriffene Norm zumindest auch Individualinteressen schützen soll.

2. **Eigenes Recht des Klägers**

3. **Möglichkeit einer Rechtsverletzung**: Nach der Möglichkeitstheorie muss die Verletzung eigener Rechte zumindest möglich erscheinen, entgegen dem Wortlaut des § 42 Absatz 2 VwGO genügt die bloße Geltendmachung einer Rechtsverletzung nicht.

In Fall 25 fehlte es schon an einem subjektiven Recht des W: Es ist keine Vorschrift ersichtlich, auf die sich W insoweit berufen könnte. W wäre demnach nicht klagebefugt im Sinne des § 42 II VwGO, eine Anfechtungsklage wäre unzulässig.

Fall 26

Lehrer L wird von der Schulaufsichtsbehörde an die Grundschule Kückersdorf versetzt. Dem Gaststättenbetreiber G wird die Gaststättenerlaubnis entzogen. Beide wollen sich wehren und erheben Anfechtungsklage. Sind sie jeweils klagebefugt?

Keine Schwierigkeiten bereitet die Feststellung der Klagebefugnis, wenn der Adressat eines belastenden Verwaltungsakts gegen diesen vorgeht. Da belastende staatliche Eingriffe immer in Grundrechte des Adressaten – zumindest die allgemeine Handlungsfreiheit gemäß Art. 2 I GG – eingreifen, besteht auch stets die Möglichkeit einer Rechtsverletzung des Klägers. Der Eingriff ist nämlich nur dann von den Grundrechtsschranken gedeckt, wenn er rechtmäßig ist: Ist der Verwaltungsakt hingegen rechtswidrig (was im Rahmen der Begründetheit der Anfechtungsklage zu prüfen ist), liegt eine Verletzung des Grundrechts vor.

Um dies zu verdeutlichen, noch einmal zu den einzelnen Anforderungen der Möglichkeitstheorie (wobei diese in der Prüfung in der Regel nicht im Einzelnen zu nennen sind):

- Bestehen eines subjektiv-öffentlichen Rechts: ja, Grundrecht

- eigenes Recht des Klägers: ja, Adressat

- Möglichkeit einer Verletzung des Rechts: ja, bei Rechtswidrigkeit des Verwaltungsakts Grundrechtsverletzung

Nach der so genannten Adressatentheorie ist der Adressat eines belastenden Verwaltungsakts daher stets klagebefugt, ohne dass es eines Eingehens auf die einzelnen Anforderungen des § 42 II VwGO bedürfte.

Wegen des umfassenden Schutzes, den Art. 2 I GG zur Abwehr rechtswidriger staatlicher Eingriffe gewährt, genügt in der Prüfung an sich die Bezugnahme allein auf dieses möglicherweise verletzte Recht:

– *„Als Adressat eines belastenden Verwaltungsakts ist der Kläger zumindest möglicherweise in seinem Grundrecht aus Art. 2 I GG verletzt und damit gemäß § 42 II VwGO klagebefugt."*

Kommt die Verletzung speziellerer Grundrechte in Betracht, so sollten diese aus Präzisionsgründen bereits innerhalb der Feststellung der Klagebefugnis genannt werden; Art. 2 I GG kann dann unerwähnt bleiben. Geht etwa Restaurantbetreiber A gegen die Schließung seiner Gaststätte vor, ließe sich wie folgt formulieren:

– *„Der Kläger ist durch den ihn belastenden Verwaltungsakt möglicherweise in seinen Grundrechten aus Art. 12 I und 14 I GG verletzt und damit gemäß § 42 II VwGO klagebefugt."*

In Fall 26 sind sowohl Lehrer L wie auch Gaststättenbetreiber G Adressaten belastender Verwaltungsakte und damit klagebefugt. Lehrer L könnte neben seiner allgemeinen Handlungsfreiheit in seiner Berufsfreiheit aus Art. 12 GG, Gaststättenbetreiber G in Berufs- wie Eigentumsfreiheit aus Art. 12, 14 GG verletzt sein.

Leitsatz 3

Adressatentheorie

Nach der Adressatentheorie ist der Adressat eines belastenden Verwaltungsakts stets **klagebefugt**: Da belastende staatliche Eingriffe immer in **Grundrechte** des Adressaten – zumindest die allgemeine Handlungsfreiheit gemäß Art. 2 I GG – eingreifen, besteht auch stets die Möglichkeit einer Rechtsverletzung des Klägers. Erweist sich der Verwaltungsakt nämlich als rechtswidrig, liegt eine Grundrechtsverletzung vor.

Fall 27

Bauer B will, um Transportwege zu verkürzen, seinen Schweinemastbetrieb mitten in ein reines Wohngebiet der Stadt S verlegen. Dank seiner verwandtschaftlichen Beziehungen kann er Bauaufsichtsbehördenmitarbeiter M davon überzeugen, ihm eine Baugenehmigung unter Befreiung von den Festsetzungen des Bebauungsplans zu erteilen. Vegetarier V, der in dem Wohngebiet lebt, ist entsetzt: Er erhebt Anfechtungsklage gegen die Baugenehmigung. Ist er klagebefugt?

Ist der Kläger nicht Adressat des Verwaltungsakts, bedarf die Klagebefugnis eingehender Erörterung. Zu untersuchen ist dann insbesondere die Frage, ob überhaupt ein subjektiv-öffentliches Recht des Klägers besteht.

Aus den Grundrechten nämlich lässt sich die Klagebefugnis in diesen Konstellationen in der Regel nicht herleiten, da diese als Abwehrrechte gegen unmittelbare Eingriffe durch den Staat nur in Ausnahmefällen auch vor mittelbaren Beeinträchtigungen schützen. Ein subjektives Recht des Dritten ist daher in erster Linie in einfachrechtlichen Vorschriften – formellen Gesetzen, Rechtsverordnungen, Satzungen – zu suchen.

Zur Klärung der Frage, ob einfach-rechtliche Vorschriften dem anfechtenden Dritten ein subjektives Recht gewähren, ist auf die bereits erwähnte Schutznormtheorie zurückzugreifen: Danach entfaltet eine Rechtsnorm ein subjektives Recht, sofern sie nicht nur dem Interesse der Allgemeinheit, sondern zumindest auch dem Schutz der Individualinteressen des Klägers zu dienen bestimmt ist. Der Kläger muss die Einhaltung der Vorschrift verlangen können. Dies wiederum ist durch Auslegung anhand der Kriterien Wortlaut, Systematik und Zweck zu ermitteln.

So lässt sich in einigen Fällen ein drittschützendes Recht bereits dem Wortlaut einer Vorschrift entnehmen. Bspw. sind bei Erteilung einer Befreiung von den Festsetzungen des Bebauungsplans nach § 31 II BauGB „nachbarliche" Interessen von der Baugenehmigungsbehörde zu berücksichtigen. Auch aus dem systematischen Zusammenhang von Rechtssätzen können sich subjektive Rechte Dritter ergeben: § 3 I BImSchG etwa lässt sich entnehmen, dass mit den zu vermeidenden schädlichen Umwelteinwirkungen im Sinne des § 22 I Nr. 1 BImSchG auch erhebliche Nachteile oder Belästigungen für die Nachbarschaft gemeint sind.

Zurück zu Fall 27: Dem B wurde dort ein so genannter Dispens von den Festsetzungen des Bebauungsplans, der ein reines Wohngebiet vorsieht, gewährt. V kann sich daher auf eine mögliche Verletzung seiner nachbarlichen Interessen aus § 31 II BauGB berufen: Diese Vorschrift gewährt Drittschutz, V wäre klagebefugt.

Fall 28

Landwirt L, der einen hochspezialisierten Betrieb betreibt, erhält auf Antrag eine Millionensubvention bewilligt. Angesichts dieses Wettbewerbsvorteils könnte sein einziger Konkurrent K seinen Betrieb praktisch schließen. K will daher gegen den Subventionsbewilligungsbescheid mit der Anfechtungsklage vorgehen. So sehr sein Anwalt auch die Gesetzesbücher durchpflügt, eine einfach-rechtliche Vorschrift, aus der sich Drittschutz ergäbe, ist nicht aufzufinden. Ist K dennoch klagebefugt?

Wie gerade gesagt, lässt sich die Klagebefugnis in den Fällen der Drittanfechtung in der Regel nur aus einfach-rechtlichen Vorschriften herleiten, da die Grundrechte als Abwehrrechte gegen unmittelbare Eingriffe durch den Staat nur in Ausnahmefällen auch vor mittelbaren Beeinträchtigungen schützen.

K aus Fall 28 ist demnach trotz Fehlens einer einfach-rechtlichen Vorschrift, die Drittschutz böte, klagebefugt: Die Subvention für L bedeutet eine unerträgliche Einschränkung der Wettbewerbsfreiheit.

Übersicht 9: Klagebefugnis bei Drittanfechtung

Ist der Kläger nicht Adressat des Verwaltungsakts, bedarf die Klagebefugnis **eingehenderer** Untersuchung. Zu erörtern ist dann insbesondere die Frage, ob überhaupt ein **subjektiv-öffentliches Recht** des Klägers besteht.

▶ In **erster Linie** ist ein subjektives Recht des Dritten dabei in einfach-rechtlichen Vorschriften – formellen Gesetzen, Rechtsverordnungen, Satzungen – zu suchen. Lässt sich dem Wortlaut der Vorschrift keines entnehmen, kann eine **Auslegung** nach Systematik oder Sinn und Zweck ggf. ein solches ergeben.

▶ Subjektive Rechte eines Dritten lassen sich aus den **Grundrechten** nur in **Ausnahmefällen** ableiten. Ein möglicher mittelbarer Grundrechtseingriff durch den Erlass eines Verwaltungsakts setzt eine besondere **Schwere** bzw. ein besonderes **Ausmaß** an Auswirkungen beim Dritten voraus.

Widerspruchsverfahren

Fall 29

Der neureiche N hat sich eine Stretch-Limousine geleistet. Nachts parkt er diese passgenau im Blickfeld der Schlange vor seinem Lieblingsclub. Dass dort Parkverbot herrscht, ficht N nicht weiter an: Wen sollte das nachts schon groß stören? Als N etliche Stunden später mit zwei Damen im Arm wieder vor die Tür tritt, stellt er entsetzt das Verschwinden seines Fahrzeugs fest. Bereits am nächsten Morgen klärt sich dieses auf: N hält einen Kostenbescheid für das Abschleppen eines verbotswidrig abgestellten Kfz in Händen; aufgrund der Schwierigkeiten des Abschleppvorgangs müsse die Gebühr auf 500 Euro festgesetzt werden. N ist empört, sein Staranwalt

S rät ihm zur Einlegung eines Widerspruchs gegen den Kostenbescheid. N hält das für bloße Förmelei. Viel lieber möchte er gleich vor Gericht Klage erheben, der Verwaltung nämlich misstraut er ohnehin. Wäre eine Anfechtungsklage zulässig?

Gemäß § 68 I 1 VwGO muss vor Erhebung einer Anfechtungsklage ein Vorverfahren – auch Widerspruchsverfahren genannt – durchgeführt werden. Legt ein Bürger Widerspruch gegen einen Bescheid ein, beschäftigt sich zunächst die Ausgangsbehörde, die den Bescheid erlassen hat, nochmals mit diesem (vgl. § 72 VwGO). Gibt sie dem Widerspruch nicht statt, leitet sie diesen gemäß § 73 I VwGO an die Widerspruchsbehörde weiter, die Recht- sowie Zweckmäßigkeit des Bescheids überprüft. Widerspruchsbehörde ist grundsätzlich gemäß § 73 I 2 Nr. 1 VwGO die nächsthöhere Behörde, ausnahmsweise können Ausgangs- und Widerspruchsbehörde jedoch auch identisch sein, vgl. § 73 I 2 Nr. 2, 3 VwGO. Diese erlässt daraufhin gemäß § 73 I 1 VwGO einen Widerspruchsbescheid, mit dem sie dem Widerspruch des Bürgers entweder stattgibt (d.h. den Verwaltungsakt aufhebt) oder ihn zurückweist.

Das der Erhebung einer Anfechtungsklage vorgeschaltete Widerspruchsverfahren verfolgt dabei drei Zwecke:

- **Selbstkontrolle der Verwaltung:** Zum einen soll es Ausgangs- und Widerspruchsbehörde die Möglichkeit geben, eine etwaige Fehlerhaftigkeit des Ausgangsbescheids zu erkennen und zu beheben.

- **Entlastung der Gerichte:** Darüber hinaus kann es eine Entlastung der Gerichte herbeiführen, wenn nämlich Ausgangs- oder Widerspruchsbehörde dem Widerspruch entweder aufgrund einer Fehlerhaftigkeit des Bescheids abhelfen oder aber der Bürger sich im Fall der Nichtabhilfe von der Begründung des Widerspruchsbescheids überzeugen lässt.

- **Rechtsschutz für den Bürger:** Schließlich stellt sich das Widerspruchsverfahren sozusagen als zusätzliche „Rechtsschutzinstanz" für den Bürger dar: Die behördliche Entscheidung wird nach § 68 I 1 nochmals sowohl auf Rechtmäßigkeit als auch auf Zweckmäßigkeit hin überprüft, und zwar ebenso von der Ausgangs- wie von der nächsthöheren Behörde.

In Fall 29 muss N vor Erhebung einer Anfechtungsklage ein Vorverfahren durchführen. Erst wenn die Widerspruchsbehörde einen zurückweisenden Widerspruchsbescheid erlassen sollte, kann er den gerichtlichen Weg beschreiten. Eine gleich erhobene Anfechtungsklage würde als unzulässig abgewiesen.

Leitsatz 4 fasst die Zwecke des Widerspruchsverfahrens, in Prüfungen immer wieder gerne abgefragt, nochmals zusammen:

> ## Leitsatz 4
> **Zwecke des Widerspruchsverfahrens**
>
> Das Vorverfahren verfolgt drei Zwecke:
>
> 1. **Selbstkontrolle** der Verwaltung
>
> 2. **Entlastung** der Gerichte
>
> 3. Zusätzlicher **Rechtsschutz** für den Bürger

Fall 30

A verfasst ein Widerspruchsschreiben, tütet dieses unter eigenhändiger Angabe seiner Anschrift auf dem Briefumschlag ein, vergisst dabei aber, das Schriftstück zu unterzeichnen. Genügt sein Widerspruch dennoch den gesetzlichen Formanforderungen?

Damit eine Anfechtungsklage als zulässig angesehen werden kann, muss das Vorverfahren im Sinne von § 68 VwGO in ordnungsgemäßer Weise durchgeführt worden sein, d.h. der Widerspruch muss form- und fristgerecht eingelegt worden sein. Beide Anforderungen sind in § 70 VwGO geregelt.

Zunächst zur Form des Widerspruchs: Dieser ist gemäß § 70 I 1 VwGO schriftlich oder zur Niederschrift einzulegen. Dies kann bei der Ausgangsbehörde (§ 70 I 1) wie auch bei der Widerspruchsbehörde geschehen (§ 70 I 2). Erinnern Sie sich noch an die ordnungsgemäße Klagerhebung aus Lektion 2? Die beiden Zauberworte hießen „Urheberschaft" und „Verkehrswille": Grundsätzlich ist eine eigenhändige Unterschrift des Widerspruchsführers bzw. seines Bevollmächtigten erforderlich, doch wenn Urheberschaft (Identität des Absenders) und Verkehrswille (gewollte prozessuale Erklärung) sich den Umständen entnehmen lassen, ist die Form auch gewahrt.

In Fall 30 ist durch die eigenhändige Beschriftung des Briefumschlags die Form gewahrt: Urheberschaft des A und Verkehrswille lassen sich dadurch erschließen, der Widerspruch ist formgerecht erhoben.

Beachten Sie: An den Inhalt eines Widerspruchs werden keine besonderen Anforderungen gestellt. Insbesondere eine falsche Bezeichnung – etwa als „Einspruch" – schadet nicht. Es muss sich der Erklärung lediglich entnehmen lassen, dass eine Nachprüfung des angegriffenen Verwaltungsakts begehrt wird.

▰▰ Fall 31

Die Baubehörde B fertigt eine Abrissverfügung für das baufällige Schlösschen des S an, gibt diese am 25.4. zur Post auf. Bis wann kann S Widerspruch einlegen?

Gemäß § 70 I 1 VwGO ist der Widerspruch grundsätzlich innerhalb eines Monat ab Bekanntgabe des Verwaltungsakts, gegen den er sich richtet, einzulegen. Der herrschenden Meinung zufolge bestimmt sich die Widerspruchsfrist nach § 57 II VwGO i.V.m. § 222 I ZPO i.V.m. §§ 187 ff BGB. Der erste Schrecken, der Sie beim Anblick der Verweisungskette packt, sollte schnell verdaut sein: Haben Sie erst einmal das Prinzip verinnerlicht, wird Ihnen die Fristbestimmung in der Prüfung ein Leichtes sein.

In einem ersten Schritt ist der Tag festzustellen, in den das „Ereignis" fällt, von dem § 187 I BGB spricht. Dieses Ereignis ist die Bekanntgabe des Verwaltungsakts, gegen den sich der Widerspruch richtet. Wann aber ist ein Verwaltungsakt bekanntgegeben?

In der Regel erfolgt die Übermittlung des Verwaltungsakts gemäß § 41 II VwVfG per einfachem Brief. Dann greift eine Fiktion: Der Verwaltungsakt gilt drei Tage nach der Aufgabe zur Post als bekanntgegeben. Ob der Empfänger den Brief tatsächlich früher in Händen hielt, ist unerheblich. Hat Behördenmitarbeiter B den Brief also am 4.3. zur Post gebracht, ist er am 7.3. zugegangen. Nur wenn das Ende der so genannten Dreitagesfiktion auf einen Samstag, Sonntag oder Feiertag fällt, ist der nächstfolgende Werktag maßgeblich: Ist der 7.3. also bspw. ein Samstag, gilt der Verwaltungsakt erst am 9.3. als bekanntgegeben.

Wird der Verwaltungsakt auf andere Art übermittelt als durch einfachen Brief, ist Tag der Bekanntgabe derjenige, an dem der Adressat die Möglichkeit hat, vom Verwaltungsakt Kenntnis zunehmen. Radelt Behördenmitarbeiter B also bspw. am 5.12. beim Adressaten A vorbei, dessen Haus ohnehin auf seinem Weg liegt, und drückt ihm den Bescheid persönlich in die Hand, ist Tag der Bekanntgabe der 5.12.

Nach der Feststellung des Tages der Bekanntgabe des Verwaltungsakts folgt der zweite Schritt: die Feststellung des Fristendes. Dieses legt § 188 II BGB fest: Der Fristablauf findet am Tag des Monats statt, der durch seine Zahl dem Tag entspricht, in den das Ereignis fällt. Klingt kompliziert, ist es ganz und gar nicht: Ist der Tag der Bekanntgabe des Verwaltungsakts („Ereignis") bspw. der 24.7., läuft die Widerspruchsfrist bis einschließlich zum 24.8.

Lediglich zwei Besonderheiten sind zu beachten: Ist der Tag des Fristablaufs ein Samstag, Sonntag oder Feiertag, läuft die Frist bis zum nächsten Werktag. Ist der 24.8. also ein Sonntag, wäre Fristende der 25.8. Fehlt der maßgebliche Tag in dem entsprechenden Monat, ist der letzte Tag des nächsten Monats Fristende: Wird ein Verwaltungsakt also etwa am 31.10. bekannt gegeben, läuft die Widerspruchsfrist bis zum 30.11.

In Fall 31 kann S nach alledem also bis zum 28.5. Widerspruch einlegen. Die Bekanntgabe des Verwaltungsakts findet am 28.4. statt (Dreitagesfiktion) – wir gehen hier davon aus, dass es sich nicht um einen Samstag, Sonntag oder Feiertag handelt –, Fristende ist daher der 28.5. (wieder unter der Annahme, dass dieser Tag nicht auf einen Samstag, Sonntag oder Feiertag fällt).

Prüfschema 2 fasst die Vorgehensweise bei der Bestimmung der Widerspruchsfrist noch einmal zusammen:

Prüfschema 2: Bestimmung der Widerspruchsfrist

1. Schritt:	Feststellung des Tages, in den das **„Ereignis"** i.S.v. § 187 BGB, die **Bekanntgabe des Verwaltungsakts**, fällt
	▶ bei Bekanntgabe durch **einfachen Brief**, § 41 II VwVfG: am 3. Tag nach Aufgabe zur Post (**Dreitagesfiktion**); ist dieser ein Samstag, Sonntag oder Feiertag: am nächsten Werktag
	▶ bei sonstiger Bekanntgabe nach § 41 I VwVfG: wenn der Adressat die Möglichkeit hat, den Verwaltungsakt zur Kenntnis zu nehmen (etwa bei Aushändigung des Bescheids also am selben Tag)
2. Schritt:	Feststellung des **Fristendes**:
	Tag des nächsten Monats, der **durch seine Zahl dem Tag entspricht**, in den die Bekanntgabe des Verwaltungsakts fällt
	▶ Spezialfall 1: Fällt das Fristende auf einen Samstag, Sonntag oder Feiertag, läuft die Frist bis zum nächsten Werktag
	▶ Spezialfall 2: Fehlt der maßgebliche Tag in dem entsprechenden Monat, ist Fristende der letzte Tag des Monats

Fall 32

A erhält am 2.2.XX eine Abrissverfügung mit folgender Rechtsbehelfsbelehrung: „Gegen diesen Bescheid kann innerhalb von vier Wochen nach seiner Bekanntgabe Widerspruch erhoben werden. Der Widerspruch muss schriftlich eingelegt werden." Bis wann kann A hier Widerspruch einlegen?

Schriftlich ergangene Verwaltungsakte enden in aller Regel mit einer Rechtsbehelfsbelehrung. Der vom Verwaltungsakt Belastete soll erfahren, wie er sich gegen ihn zur Wehr setzen kann. Fehlt eine Rechtsbehelfsbelehrung (wie regelmäßig bei mündlich ergangenen Verwaltungsakten) bzw. ist sie fehlerhaft erteilt, so hat dies Auswirkungen auf die Widerspruchsfrist: Statt eines Monats beträgt sie gemäß § 70 II VwGO i.V.m. § 58 II VwGO ein Jahr. Dies ist nur konsequent: Schließlich ist die durch den Bescheid beschwerte Person über ihre Rechtsschutzmöglichkeiten entweder gar nicht oder nur unzureichend aufgeklärt worden. Was aber muss in einer ordnungsgemäßen Rechtsbehelfsbelehrung stehen? Hierüber gibt § 58 I VwGO Auskunft:

Zunächst muss der Rechtsbehelf bezeichnet sein: Es muss also aus der Rechtsbehelfsbelehrung des Verwaltungsakts hervorgehen, dass gegen ihn „Widerspruch" eingelegt werden kann. Weiterhin muss die Behörde, bei der der Widerspruch einzulegen ist, genannt werden. Dies ist gemäß § 70 I 1 VwGO die Ausgangsbehörde, d.h. diejenige, die den Verwaltungsakt erlassen hat. Gemäß § 70 I 2 VwGO kann der Widerspruch auch bei der Widerspruchsbehörde eingelegt werden. Ihre zusätzliche Nennung schadet daher nicht, doch darf sie nicht allein in der Rechtsbehelfsbelehrung aufgeführt sein. Außerdem ist der Sitz der Behörde zu bezeichnen. Zuletzt muss die Rechtsbehelfsbelehrung Angaben zu Beginn und Dauer der Frist umfassen. Dabei genügt die abstrakte Nennung, Datumsangaben müssen nicht gemacht werden: Fristbeginn ist, wie sich § 70 I VwGO entnehmen lässt, die Bekanntgabe des Ausgangsverwaltungsakts, ihre Dauer beträgt einen Monat. Die Angabe „vier Wochen nach Bekanntgabe dieses Bescheids" ist daher falsch!

Schließlich darf die Rechtsbehelfsbelehrung keine erschwerenden Zusätze wie bspw. denjenigen enthalten, dass der Widerspruch zu begründen sei. Dies findet im Gesetz nämlich keine Stütze. Auch die Formulierung, dass der Widerspruch schriftlich erhoben werden müsse, ist als erschwerend zu betrachten. Schließlich kann er auch zur Niederschrift der Behörde eingelegt werden, vgl. § 70 I 1 VwGO.

Eine ordnungsgemäße Rechtsbehelfsbelehrung lautet demnach etwa: „Gegen diesen Bescheid kann innerhalb eines Monats nach Bekanntgabe Widerspruch erhoben werden. Der Widerspruch ist beim Ordnungsamt der Stadt Bonn, Berliner Platz 2, 53103 Bonn schriftlich oder zur Niederschrift einzulegen."

In Fall 32 ist die Rechtsbehelfsbelehrung sogar aus vier Gründen fehlerhaft: Zum einen ist die Dauer der Frist falsch bezeichnet, die Behörde und ihr Sitz nicht erwähnt, zudem enthält die Rechtsbehelfsbelehrung einen erschwerenden Zusatz („muss schriftlich eingelegt werden"). A kann demnach gemäß § 70 II VwGO i.V.m. § 58 II VwGO innerhalb eines Jahres statt eines Monats Widerspruch einlegen.

Übersicht 10: Anforderungen an die Rechtsbehelfsbelehrung

Eine korrekte Rechtsbehelfsbelehrung im Sinne des § 58 I VwGO muss folgende Punkte bezeichnen:

- **Rechtsbehelf**: „Widerspruch"
- **Behörde, bei der der Widerspruch einzulegen ist**: Ausgangsbehörde
- **Sitz der Behörde**
- **Beginn und Dauer der Frist**: ein Monat nach Bekanntgabe des Verwaltungsakts
- Zudem darf sie keine erschwerenden Zusätze enthalten

Fehlt eine Rechtsbehelfsbelehrung oder ist diese nicht korrekt erteilt, gilt gemäß § 70 II VwGO i.V.m. § 58 II VwGO eine Jahresfrist für die Widerspruchseinlegung.

Fall 33

B erhält am 1.1.XX eine Baugenehmigung, die dem Nachbarn N nicht bekannt gegeben wird. B fängt im März an zu bauen, was N bemerkt. Um den mit ihm zerstrittenen B besonders zu schädigen, wartet N zunächst den Abschluss der Bauarbeiten ab. Im Februar zwei Jahre darauf ist B fertig. Kurz darauf erhebt N Widerspruch gegen die Baugenehmigung. Ist der Widerspruch ordnungsgemäß erfolgt?

Die Bekanntgabe eines Verwaltungsakts muss, wie sich aus § 41 VwVfG ergibt, an jeden einzelnen erfolgen, der durch den Verwaltungsakt in seinen Rechten betroffen sein kann. So muss die Behörde, die einem Bauherrn eine Baugenehmigung erteilt, bspw. auch dem Nachbarn, der durch die Errichtung des Gebäudes in einer Rechtsposition betroffen sein kann, den Verwaltungsakt bekannt geben. Eine zufällige Kenntniserlangung (wenn etwa der Bauherr dem Nachbarn die Bauerlaubnis über den Gartenzaun zeigt) genügt insoweit grundsätzlich nicht.

Da § 70 I VwGO für den Beginn der Widerspruchsfrist an die Bekanntgabe des Ausgangsbescheids anknüpft, kann bei deren Fehlen prinzipiell auch keine Frist in Gang gesetzt werden. Eine Widerspruchseinlegung wäre dann auch nach Jahren noch möglich.

Das Widerspruchsrecht kann jedoch (entsprechend § 242 BGB) nach Treu und Glauben verwirkt werden. Musste sich dem in seinen Rechten Betroffenen das Vorliegen eines Verwaltungsakts geradezu aufdrängen, kann er sich nach Ablauf eines gewissen Zeitraums ab Kenntniserlangung nicht mehr auf die fehlende Bekanntgabe berufen. Als Indiz für diesen Zeitraum wird die Jahresfrist des § 58 II VwGO herangezogen, er ist aber letztlich von den Umständen des Einzelfalls abhängig.

N aus Fall 33 hat sein Widerspruchsfrist nach Treu und Glauben verwirkt: Das Vorliegen einer Baugenehmigung musste sich ihm zu Beginn der Bauarbeiten geradezu aufdrängen, mehr als zwei Jahre nach Kenntniserlangung und zudem nach Fertigstellung des Gebäudes kann ihm eine Anfechtung der Bauerlaubnis nicht mehr möglich sein.

Fall 34

A erhält einen Kostenfestsetzungsbescheid für Straßenausbaubeiträge, während er gerade im traditionell achtwöchigen Winterurlaub auf den Kanaren weilt. Nach seiner Rückkehr stellt er entsetzt fest, dass die Widerspruchsfrist bereits abgelaufen ist. Er legt dennoch unverzüglich Widerspruch ein, den die Behörde wegen der Fristversäumnis als unzulässig zurückweist. Könnte eine Anfechtungsklage dennoch zulässig sein?

Ist die Widerspruchsfrist versäumt, so ist die Klage grundsätzlich unzulässig. Das Widerspruchsverfahren ist dann nicht im Sinne von § 68 VwGO ordnungsgemäß durchgeführt worden. Ausnahmsweise zieht eine Fristversäumnis aber nicht die Unzulässigkeit der Klage nach sich: Für Fälle unverschuldeter Fristversäumnis sieht das Gesetz in § 60 VwGO das Instrument der Wiedereinsetzung in den vorigen Stand vor, das wegen der Verweisung in § 70 II VwGO auch für die Widerspruchsfrist gilt. Sind die Voraussetzungen des § 60 VwGO gegeben, kann das Gericht die Zulässigkeit des Widerspruchs wiederherstellen.

Die Anforderungen an eine Wiedereinsetzung im Einzelnen:

▶ Fristversäumung ohne Verschulden: Die Widerspruchsfrist muss ohne Verschulden versäumt worden sein: Verschulden liegt bei einer Außerachtlassung der für die Fristwahrung gebotenen und zumutbaren Sorgfalt vor. Typische unverschuldete Hinderungsgründe sind etwa ein Krankenhausaufenthalt, Ortsabwesenheit während einer Geschäftsreise oder Verzögerungen der Postbeförderungsdauer.

▶ **Nachholung der versäumten Rechtshandlung, § 60 II 3 VwGO:** Die versäumte Rechtshandlung, hier also die Einlegung des Widerspruchs, muss nachgeholt werden. Dies muss, wie sich aus § 60 II 3 VwGO i.V.m. § 60 II 1 VwGO ergibt, innerhalb von zwei Wochen nach Wegfall des unverschuldeten Hindernisses geschehen (also bspw. innerhalb von zwei Wochen nach der Entlassung aus dem Krankenhaus).

▶ **Antrag auf Wiedereinsetzung innerhalb der Antragsfrist, § 60 II 1 VwGO:** Grundsätzlich verlangt § 60 VwGO außerdem die Stellung eines Antrags auf Wiedereinsetzung innerhalb von zwei Wochen nach Wegfall des Hinderungsgrunds. Wichtig: Das Gericht kann jedoch die Wiedereinsetzung gemäß § 60 II 4 VwGO auch ohne Antrag von Amts wegen gewähren, wenn nur die versäumte Rechtshandlung, hier also der Widerspruch, innerhalb der Frist nachgeholt wurde. Auch ohne Antrag auf Wiedereinsetzung müssen Sie bei entsprechender Sachlage also prüfen, ob die Voraussetzungen für eine Wiedereinsetzung vorliegen.

In Fall 34 hat A die Widerspruchsfrist unverschuldet versäumt, die Widerspruchseinlegung jedoch innerhalb von zwei Wochen nach Wegfall des unverschuldeten Hindernisses nachgeholt. Ihm ist daher Wiedereinsetzung in den vorigen Stand zu gewähren, seine Anfechtungsklage ist zulässig.

Fall 35

Bauherr B erhält die lang ersehnte Baugenehmigung. Nachbar N jedoch, der seine freie Sicht bedroht sieht, legt gegen diese Widerspruch ein. Die Widerspruchsbehörde hält diesen für begründet und erlässt einen Widerspruchsbescheid, mit dem sie die Baugenehmigung aufhebt. B ist wutentbrannt, fährt zum Gericht, um Klage zu erheben. Ist er auf dem richtigen Weg oder muss er zuvor ein behördliches Vorverfahren anstrengen?

Grundsätzlich ist vor Erhebung der Anfechtungsklage gemäß § 68 I 1 VwGO ein Widerspruchsverfahren durchzuführen. In einigen Ausnahmefällen ist es jedoch entbehrlich, insbesondere weil die mit ihm verfolgten Zwecke in diesen Konstellationen nicht erreicht werden können bzw. es aus anderen Gründen lediglich eine unnötige Verzögerung der gerichtlichen Entscheidung nach sich zöge.

In § 68 I 2 VwGO hat der Gesetzgeber speziell drei Fallkonstellationen geregelt, in denen ihm ein der Klageerhebung vorangehendes Vorverfahren als nicht erforderlich erschien:

▶ **gesetzliche Bestimmungen (Hs.1):** Nach einigen speziellen Vorschriften ist für das Vorgehen gegen einen Verwaltungsakt ein der Klage vorgeschaltetes Widerspruchsverfahren nicht erforderlich. Dies gilt gemäß §§ 74 I 2, 70 VwVfG etwa für Planfeststellungsbeschlüsse oder im förmlichen Verwaltungsverfahren ergangene Verwaltungsakte sowie gemäß § 11 AsylVfG für Entscheidungen im Asylverfahren. Außerdem bestimmen einige wenige Landesgesetze, dass Widerspruchsverfahren grundsätzlich oder in bestimmten Fällen nicht erforderlich sind: Informieren Sie sich insofern über die in Ihrem Bundesland geltenden Bestimmungen.

▶ Erlass des Verwaltungsakts durch **oberste Bundes- oder Landesbehörde (Satz 2 Nr. 1):** Ist ein Verwaltungsakt von einer obersten Behörde erlassen worden, muss gegen ihn vor Klageerhebung kein Vorverfahren durchgeführt werden. Oberste Behörden sind bspw. die Regierung, die einzelnen Minister oder der Bundespräsident. Grund der Entbehrlichkeit des Vorverfahrens: Diesen Behörden wird vom Gesetz eine besondere Fachkompetenz zugeschrieben. Zudem existiert keine nächsthöhere Behörde, die über den Widerspruch befinden könnte.

▶ **erstmalige Beschwer durch Abhilfe- bzw. Widerspruchsbescheid (Satz 2 Nr. 2):** Eine erstmalige Beschwer kann vor allem bei vorangegangenen Widersprüchen durch Dritte auftreten. Dass hier kein erneutes Vorverfahren durchgeführt werden muss, liegt auch daran, dass die Widerspruchsbehörde ja bereits mit der Sache befasst war. Eine neuerliche Entscheidung wäre in diesem Fall bloße Förmelei.

In Fall 35 liegt eine solche Konstellation vor: Will B gegen den Widerspruchsbescheid vorgehen, mit dem seine Bauerlaubnis aufgehoben wird, so ist die Durchführung eines Vorverfahrens entbehrlich. Er ist durch den Widerspruchsbescheid nämlich erstmalig beschwert; der Ausgangsbescheid, nämlich die Baugenehmigung, enthielt ja keine Beschwer für ihn. B kann direkt Anfechtungsklage erheben.

Klagefrist

■ Fall 36

A legt gegen einen Kostenfestsetzungsbescheid wegen Abschleppens seines Kraftfahrzeugs Widerspruch ein. Am 25.8. erhält er einen Widerspruchsbescheid zugestellt, der sein Anliegen zurückweist. Bis wann kann A Anfechtungsklage erheben?

Eine erhobene Anfechtungsklage ist weiterhin nur zulässig, wenn auch die Klagfrist des § 74 I VwGO eingehalten worden ist. Für die Klagefrist geltend dieselben Grundsätze wie für die Widerspruchsfrist. Allein die Bezugspunkte ändern sich: Gemäß § 74 I 1 ist die Klage nämlich grundsätzlich innerhalb eines Monats ab Zustellung des Widerspruchsbescheids zu erheben. Während sich die Widerspruchsfrist nach der Bekanntgabe des angegriffenen Verwaltungsakts richtete, ist Ausgangspunkt für die Bestimmung der Klagfrist also der Widerspruchsbescheid. Dieser ist, wie sich § 73 III 1 VwGO entnehmen lässt, stets zuzustellen. Das „Ereignis" i.S.d. §§ 187, 188 BGB ist also die Zustellung des Widerspruchsbescheides. Nur ausnahmsweise, nämlich bei entbehrlichem Widerspruchsverfahren, orientiert sich auch die Bemessung der Klagfrist an der Bekanntgabe des Ausgangsverwaltungsakts, vgl. § 74 I 2 VwGO. Denn dann liegt ja gerade kein Widerspruchsbescheid vor.

Auch Widerspruchsbescheide sind gemäß § 73 III 1 VwGO grundsätzlich mit einer Rechtsbehelfsbelehrung zu versehen. Dem Widerspruchsführer soll deutlich gemacht werden, wie er gegen sie vorgehen kann. Zunächst muss der Rechtsbehelf („Klage") bezeichnet sein; außerdem das Gericht, bei dem Klage zu erheben ist, sowie dessen Sitz, und schließlich Beginn und Dauer der Frist (ein Monat ab Zustellung des Widerspruchsbescheids). Fehlt eine Rechtsbehelfsbelehrung bzw. ist sie nur fehlerhaft erteilt, so hat dies dieselben Auswirkungen für die Klagfrist wie für die Widerspruchsfrist: Statt eines Monats beträgt sie gemäß § 58 II VwGO ein Jahr.

Hat der Kläger die Klagfrist des § 74 VwGO versäumt, so ist die Klage grundsätzlich unzulässig. Allein in Fällen unverschuldeter Fristversäumnis kann hiervon wie bei der Widerspruchsfrist eine Ausnahme zu machen sein: Unter den entsprechenden Voraussetzungen muss das Gericht gemäß § 60 VwGO eine Wiedereinsetzung in den vorigen Stand gewähren. Auch sie entsprechen den Anforderungen einer Wiedereinsetzung während des Vorverfahrens.

A aus Fall 36 könnte demnach bis zum 25.9. Anfechtungsklage erheben; das „Ereignis" i.S.d. §§ 187, 188 BGB, also die Zustellung des Widerspruchsbescheids, ist ja am 25.8. erfolgt.

Klagegegner

Fall 37
A erhält von einer Landesbehörde des Bundeslands Sachsen einen belastenden Bescheid, gegen den er im Wege der Anfechtungsklage vorgehen will. Gegen wen müsste er seine Klage richten: die Landesbehörde oder das Land Sachsen?

Gemäß § 78 I Nr. 1 VwGO ist die Klage gegen den Bund, das Land oder die Körperschaft, deren Behörde den angefochtenen Verwaltungsakt erlassen hat, zu richten. Im Hinblick auf den Klagegegner gilt also das so genannte Rechtsträgerprinzip: Eine Klage ist danach grundsätzlich nicht gegen die Behörde zu richten, die den angefochtenen Verwaltungsakt erlassen hat, sondern gegen deren Rechtsträger – also gegen die Körperschaft, der die Behörde angehört. Dies können der Bund, ein Bundesland oder eine andere rechtsfähige Körperschaft, Stiftung oder Anstalt des öffentlichen Rechts sein.

Sofern das Landesrecht dies bestimmt, ist die Klage gemäß § 78 I Nr. 2 VwGO jedoch gegen die Behörde selbst zu richten, die den angefochtenen Verwaltungsakt erlassen hat. Hiervon haben die Länder Schleswig-Holstein (§ 6 AG VwGO), Sachsen-Anhalt (§ 8 AG VwGO) und Niedersachsen (§ 8 AG VwGO) für Landesbehörden Gebrauch gemacht, allgemein das Saarland (§ 17 II AG VwGO) und Mecklenburg-Vorpommern (§ 14 I AGGerStrG) und mit Ausnahme von Klagen im Sinne von § 52 Nr. 4 VwGO die Länder Brandenburg (§ 8 II VwGG) und Nordrhein-Westfalen (§ 5 II AG VwGO).

Beachten Sie dabei: In einigen Bundesländern insbesondere in Süddeutschland erfolgt die Prüfung des § 78 VwGO nicht im Rahmen der Zulässigkeit, sondern als „Passivlegitimation" in der Begründetheit. Richten Sie sich insofern nach den Gepflogenheiten Ihres Bundeslands!

In Fall 37 müsste A seine Anfechtungsklage demnach gegen das Land Sachsen richten: Dort gilt das Rechtsträgerprinzip. Eine landesrechtliche

Bestimmung, nach der die Klage gegen die Behörde selbst zu richten wäre, fehlt. Klagegegner im Sinne von § 78 I Nr. 1 VwGO ist das Land.

Das Prüfschema 3 fasst die Zulässigkeitsvoraussetzungen der Anfechtungsklage zusammen:

Prüfschema 3: Zulässigkeit der Anfechtungsklage

I. **Verwaltungsrechtsweg**

II. **Statthaftigkeit der Anfechtungsklage, § 42 I Alt. 1 VwGO**
  - Klageziel: Aufhebung
  - Klaggegenstand: Verwaltungsakt

III. **Besondere Sachentscheidungsvoraussetzungen**

1. Klagebefugnis, § 42 II VwGO:	Möglichkeit einer Verletzung in eigenen Rechten
2. Widerspruchsverfahren, § 68 VwGO:	form- (Schriftlichkeit) und fristgemäß (ein Monat nach Bekanntgabe des Verwaltungsakts)
3. Klagefrist, § 74 I VwGO:	ein Monat nach Zustellung des Widerspruchsbescheids
4. Klagegegner, § 78 VwGO:	grds. Rechtsträgerprinzip, Ausnahme: landesrechtliche Bestimmungen

IV. **Allgemeine Sachentscheidungsvoraussetzungen**

Begründetheit

Fall 38
S betreibt einen kleinen Tante-Emma-Laden. Ihre Steuern zahlt sie stets pünktlich, auch ansonsten hat sie sich nie etwas zuschulden kommen lassen. Aufgrund einer Verwechslung untersagt ihr die Verwaltung jedoch gemäß § 35 GewO wegen Unzuverlässigkeit die weitere Ausübung

ihres Schneidereigewerbes. Nach ordnungsgemäß durchgeführtem Widerspruchsverfahren erhebt S fristgemäß Anfechtungsklage. Ist diese begründet?

Gemäß § 113 I 1 VwGO ist eine Anfechtungsklage begründet, wenn der angegriffene Verwaltungsakt rechtswidrig und der Kläger dadurch in seinen Rechten verletzt ist. Zwei Voraussetzungen müssen mithin gegeben sein: die Rechtswidrigkeit des Verwaltungsakts sowie eine Rechtsverletzung des Klägers.

Bei der Prüfung der Rechtmäßigkeit des Verwaltungsakts ist zunächst festzustellen, ob eine rechtliche Grundlage für den Erlass des Verwaltungsakts gegeben ist, sodann, ob die formellen Anforderungen Zuständigkeit, Verfahren und Form eingehalten sind, und schließlich, ob in materieller Hinsicht die Tatbestandsvoraussetzungen der Rechtsgrundlage vorliegen und die von der Behörde gewählte Rechtsfolge von der Rechtsgrundlage gedeckt ist. Die entsprechenden Fragen sind solche des allgemeinen und besonderen Verwaltungsrechts, das im Band **Verwaltungsrecht – *leicht gemacht*®** dargestellt ist. Im Rahmen der Begründetheit – hier geht es ja um materielle Fragen – ist das Verwaltungsrecht also in den verwaltungsprozessualen Prüfungsaufbau einzubetten; ein Prüfungsschema hierzu folgt sogleich. Beachten Sie dabei, dass die Begründetheit regelmäßig den Prüfungsschwerpunkt darstellt, die Zulässigkeit einer Klage also gegenüber der Begründetheit in der Regel nicht allzu ausführlich dargestellt werden sollte.

Sollte sich der angegriffene Verwaltungsakt als rechtswidrig erweisen, ist als zweites noch die Rechtsverletzung des Klägers zu prüfen. Ist der Kläger Adressat des Verwaltungsakts, so ist er, wie im Rahmen der Klagebefugnis bereits näher beschrieben, stets zumindest in seiner allgemeinen Handlungsfreiheit gemäß Art. 2 I GG verletzt. In Drittanfechtungsfällen ist die Verletzung der in der Klagebefugnis gefundene drittschützende Vorschrift (in der Regel einfach-rechtlicher Art) zu prüfen.

Zur Begründetheit der Anfechtungsklage nun das **Prüfschema 4**:

Prüfschema 4: Begründetheit der Anfechtungsklage

Die Anfechtungsklage ist begründet, wenn der angefochtene Verwaltungsakt rechtswidrig ist und der Kläger dadurch in seinen Rechten verletzt wird, § 113 I 1 VwGO.

I. Rechtmäßigkeit des Verwaltungsakts

1. Rechtsgrundlage

Beruht der Verwaltungsakt auf einer gesetzlichen Rechtsgrundlage?

2. Formelle Rechtmäßigkeit

a) Zuständigkeit

Ist die Behörde sachlich und örtlich für den Erlass des Verwaltungsakts zuständig?

b) Verfahren

Hat die Behörde die Verfahrensvorschriften beachtet?

c) Form

Ist der Verwaltungsakt formgemäß ergangen?

3. Materielle Rechtmäßigkeit

a) Tatbestand

Liegen die Tatbestandsvoraussetzungen der Rechtsgrundlage für den Erlass des Verwaltungsakts vor?

b) Rechtsfolge

Ist die von der Behörde gewählte Rechtsfolge von der Rechtsgrundlage gedeckt?

Hat die Behörde insbesondere ein etwaiges Ermessen rechtmäßig ausgeübt?

II. Rechtsverletzung

Ist der Kläger in seinen Rechten verletzt?

Die Anfechtungsklage der S aus Fall 38 ist begründet: Es fehlt nämlich an den Tatbestandsvoraussetzungen des § 35 I GewO: Für eine etwaige Unzuverlässigkeit der S bestehen keinerlei Anhaltspunkte. Die Gewerbeuntersagung ist mithin rechtswidrig. Da S aufgrunddessen in ihren Grundrechten aus Art. 12, 14 GG verletzt ist, wird das Gericht den Verwaltungsakt aufheben.

Spezialfall: reformatio in peius

Fall 39

A soll sich am Straßenausbau vor seinem Haus beteiligen; er erhält einen behördlichen Kostenfestsetzungsbescheid in Höhe von 1.500 Euro. Als er sich dagegen mit einem Widerspruch wehrt, kalkuliert die Widerspruchsbehörde die Kosten neu: Laut Widerspruchsbescheid soll A jetzt sogar 5.000 Euro leisten. A erhebt Anfechtungsklage. Welche Besonderheiten sind dabei zu beachten?

Besonderheiten treten im Rahmen der Prüfung einer Anfechtungsklage (aber auch in Verpflichtungssituationen möglich) bei einer sog. reformatio in peius im Widerspruchsverfahren auf. Eine reformatio in peius (auch „Verböserung" genannt) ist die Abänderung einer behördlichen Entscheidung in einem Widerspruchsverfahren zum Nachteil des Rechtsbehelfsführers: Gegenüber dem Bürger ergeht also ein Verwaltungsakt, mit dem er nicht einverstanden ist. Auf den dagegen eingelegten Widerspruch wird der Ausgangsverwaltungsakt von der Widerspruchsbehörde zum Nachteil des Widerspruchsführers abgeändert.

Bei der Feststellung der Statthaftigkeit der Anfechtungsklage sollte dann stets kurz auf den genauen Klaggegenstand im Sinne von § 79 VwGO eingegangen werden. Der Kläger kann sich – und dies wird er regelmäßig tun – sowohl gegen Ausgangs- als auch den (verbösernden) Widerspruchsbescheid wenden. Klaggegenstand ist dann gemäß § 79 I Nr. 1 VwGO der Ausgangsbescheid in Gestalt des Widerspruchsbescheids. Bei einem Klagerfolg würden mithin beide Bescheide aufgehoben. Der Kläger hat aber auch die Möglichkeit, den Widerspruchsbescheid isoliert anzugreifen: Nach herrschender Meinung ist eine „zusätzliche selbstständige Beschwer" i.S.v. § 79 II 1 VwGO nämlich jede Änderung des ursprünglichen Verwaltungsakts zuungunsten des durch diesen Belasteten, so dass auch die im Widerspruchsverfahren erfolgte reformatio in peius unter diese Regelung fällt.

In der Begründetheit der Anfechtungsklage sollte zunächst die Frage angesprochen werden, ob eine reformatio in peius überhaupt zulässig ist. Von der Rechtsprechung wird dies bejaht, und zwar insbesondere mit dem Argument, dass die Gesetzesbindung der Verwaltung gemäß Art. 20 III GG eine solche Möglichkeit erfordere. Zudem spreche § 79 II 1 VwGO selbst von der Möglichkeit einer zusätzlichen selbstständigen Beschwer des Widerspruchsführers.

Innerhalb des Prüfungspunktes „Zuständigkeit" der formellen Rechtmäßigkeit schließlich muss darauf eingegangen werden, ob die Widerspruchsbehörde für die vorgenommene Verböserung sachlich zuständig war. Dies ist nach herrschender Meinung nur zu bejahen, wenn Ausgangs- und Widerspruchsbehörde (z.B. nach § 73 I 2 Nr. 2 VwGO) identisch sind oder der Widerspruchsbehörde die Fachaufsicht gegenüber der Ausgangsbehörde zukommt. Dann ist sie dieser gegenüber nämlich weisungsbefugt und könnte die verbösernde Entscheidung demnach ebenso durch eine Weisung an die Ausgangsbehörde herbeiführen.

In Fall 39 ist bei der Statthaftigkeit der Anfechtungsklage zunächst darauf einzugehen, ob A nur die verbösernde Widerspruchsentscheidung oder den Ausgangsbescheid in Gestalt des Widerspruchsbescheids angreifen will. Da A grundsätzlich gegen den Kostenfestsetzungsbescheid vorgehen möchte, ist letzteres der Fall. In der Begründetheit wäre die Zulässigkeit der reformatio in peius mit den Argumenten der Gesetzesbindung der Verwaltung sowie des Wortlauts von § 79 II 1 VwGO zu bejahen. Für die verbösernde Entscheidung zuständig schließlich ist die Widerspruchsbehörde nur bei Behördenidentität oder Fachaufsicht. Fehlt es an der Zuständigkeit, ist der Kostenfestsetzungsbescheid rechtswidrig und damit aufzuheben.

Lektion 5: Verpflichtungsklage

Zulässigkeit der Verpflichtungsklage

Die Verpflichtungsklage ist eine Leistungsklage, da sie auf die Vornahme einer Leistung – nämlich den Erlass eines Verwaltungsaktes – gerichtet ist. Sie weist ebenso wie die Anfechtungsklage vier spezifische Zulassungsvoraussetzungen auf: die Klagebefugnis des Klägers, die – grundsätzliche – Durchführung eines Widerspruchsverfahrens, die Einhaltung der Klagefrist und die Wahl des richtigen Klagegegners.

Statthafte Klageart

Fall 40

A begehrt den Erlass einer Baugenehmigung, die ihm jedoch versagt wird. B benötigt eine Gewerbeerlaubnis; über seinen Antrag hat die Behörde jedoch auch nach vier Monaten noch nicht entschieden. Beide wollen vor Gericht ziehen. Welche Klageart ist jeweils statthaft?

Die statthafte Klageart richtet sich nach Klageziel und Klaggegenstand. Mit der Verpflichtungsklage kann gemäß § 42 I VwGO die Verurteilung zum Erlass eines Verwaltungsakts begehrt werden. Regelmäßig geht es dem Bürger dabei um die Durchsetzung von Leistungsansprüchen auf dem Gebiet des öffentlichen Rechts, wie beispielsweise dem Zugang zu öffentlichen Einrichtungen, aber auch der Gewährung von staatlichen Subventionen oder der Erteilung von Konzessionen und Genehmigungen. Da Leistungsansprüche von der Verwaltung aber nicht nur in Form des Verwaltungsaktes, sondern oftmals auch in anderen Handlungsformen erfüllt werden können – wie etwa Realakt oder Verwaltungsvertrag – bildet die Abgrenzung des Verwaltungsaktes von den anderen Handlungsformen der Verwaltung regelmäßig auch den Schwerpunkt bei der Prüfung der richtigen Klageart.

Zwei Unterfälle der Verpflichtungsklage sind zu unterscheiden: die Versagungsgegenklage, die sich gegen einen abgelehnten Verwaltungsakt richtet, und die Untätigkeitsklage, die sich gegen einen unterlassenen Verwaltungsakt richtet.

Im Fall 40 ist für die Klagebegehren von A und B jeweils die Verpflichtungsklage die richtige Klageart: bei A in der Form der Versagungsgegenklage, da die Behörde das Begehren auf den Erlass eines Verwaltungsaktes (= Baugenehmigung) durch Versagungsbescheid abgelehnt hat – bei B in der Form der Untätigkeitsklage, da die Behörde unterlassen hat, den begehrten Verwaltungsakt (= Gewerbeerlaubnis) zu erlassen.

> **Übersicht 11: Statthaftigkeit der Verpflichtungsklage**
>
> Die Verpflichtungsklage ist die statthafte Klageart, wenn das Begehren des Klägers
>
> 1. auf die **Verpflichtung** der Verwaltung
>
> 2. zum Erlass eines **Verwaltungsaktes**
>
> gerichtet ist.
>
> **Zwei** Arten von Verpflichtungsklage lassen sich unterscheiden: die gegen einen abgelehnten Verwaltungsakt gerichtete **Versagungsgegenklage** und die **Untätigkeitsklage**, die dann zur Anwendung gelangt, wenn die Behörde einen begehrten Verwaltungsakt unterlässt.

Klagebefugnis

Fall 41

In der Stadt S findet auf dem Marktplatz der Jahrmarkt statt – eine nach dem Gewerberecht festgesetzte Veranstaltung –, dessen Standplätze an die Bewerber per Antrag zugewiesen werden. A, Einwohner der Stadt S, möchte mit seinem Verkaufsstand erstmalig zugelassen werden; doch sein Antrag wird per Bescheid abgelehnt. Wäre A klagebefugt, wenn er vor Gericht zöge?

Im Interesse des Ausschlusses von Popularklagen ist auch bei der Verpflichtungsklage gemäß § 42 II VwGO eine Klagebefugnis des Klägers erforderlich. Der Kläger muss also geltend machen, durch die Ablehnung des beantragten Verwaltungsaktes oder seiner Unterlassung in eigen Rechten verletzt zu sein.

Die im Rahmen der Anfechtungsklage oft benutzte „Adressatentheorie" ist bei der Verpflichtungsklage nicht anwendbar. Führen Sie sich den Unterschied zur Anfechtungsklage vor Augen: Bei der Verpflichtungsklage begehrt der Kläger eine Erweiterung seines Rechtskreises, will nicht etwa wie dort eine Eingriff abwehren. Seine Rechtsverletzung kann sich folglich nur daraus ergeben, dass seinem begehrten Anspruch nicht entsprochen wurde. Bei der Verpflichtungsklage liegt die Klagebefugnis daher vor, wenn die Möglichkeit besteht, dass der geltend gemachte Anspruch gegeben ist. Dabei fehlt die Klagebefugnis nur dann, wenn offensichtlich und eindeutig nach keiner Betrachtungsweise die vom Kläger behaupteten Rechte bestehen oder ihm zustehen können.

In Fall 41 ist die Klagebefugnis des A gegeben: Zwar kann A allein durch die Ablehnung seines Antrags nicht in eigenen Rechten verletzt sein; § 70 I GewO verleiht jedoch dem Teilnehmerkreis der Veranstaltung, zu dem A gehört, einen Teilnahmeanspruch, der hier möglicherweise verletzt ist.

Vorverfahren

■ Fall 42
Bauherr B beantragt die Baugenehmigung zur Errichtung seines Feriendomizils. Als er nach vier Monaten noch immer keinen Bescheid von der zuständigen Baubehörde in seinem Briefkasten vorfindet, ist er erzürnt. Was kann er tun?

Ebenso wie bei der Anfechtungsklage ist auch für die Verpflichtungsklage grundsätzlich ein Vorverfahren durchzuführen, wie Sie § 68 II VwGO entnehmen können. Eine Ausnahme von diesem Grundsatz bildet die Untätigkeitsklage gemäß § 42 I 2.Halbsatz 2.Alt. VwGO, die auf die Vornahme eines unterlassenen – nicht abgelehnten – Verwaltungsaktes gerichtet ist: Die unterlassene Bescheidung eines Antrags kann nämlich zur Folge haben, dass die Durchführung eines Vorverfahrens als Zulässigkeitsvoraussetzung ausnahmsweise entfällt. Der Kläger kann also gemäß § 75 S.2 VwGO nach Ablauf von drei Monaten seit der Antragstellung ohne Durchführung eines Vorverfahrens sofort Verpflichtungsklage erheben, wenn die Behörde keinen zureichenden Grund für die Verzögerung darlegen kann. Gleiches gilt übrigens, wenn der Bürger nach Ablehnung seines Antrags Widerspruch einlegt und die Behörde hierüber nicht innerhalb von drei Monaten befindet: Obwohl ein Widerspruchsbescheid nicht ergangen ist, kann dann Klage erhoben werden.

Im Fall 42 ist die dreimonatige Frist des § 75 S. 2 VwGO bereits abgelaufen; B kann daher ohne Durchführung eines Vorverfahrens unmittelbar Verpflichtungsklage in Form einer Untätigkeitsklage vor dem Verwaltungsgericht erheben.

Begründetheit der Verpflichtungsklage

Fall 43
Student S möchte nach gescheitertem Archäologiestudium nun sein Heil in der Gastronomie suchen und eine Kneipe betreiben. Dazu beantragt er bei der zuständigen Gewerbeaufsichtsbehörde eine Gaststättenerlaubnis, die ihm allerdings mit dem Hinweis darauf versagt wird, dass ihm die nötige Sachkunde hierzu fehle. Nach erfolglos durchgeführtem Widerspruchsverfahren erhebt S Klage vor dem zuständigen Verwaltungsgericht auf Erteilung der Gaststättenerlaubnis. Begründet?

Werfen Sie einen Blick in § 113 V VwGO, der den Prüfungsmaßstab der Begründetheit einer Verpflichtungsklage festlegt: Danach ist die Klage begründet, soweit die Ablehnung oder Unterlassung des Verwaltungsaktes rechtswidrig, der Kläger dadurch in seinen Rechten verletzt und die Sache spruchreif ist. Dies ist dann der Fall, wenn dem Kläger ein Anspruch auf Erlass des begehrten Verwaltungsaktes tatsächlich zusteht.

Dieser „Anspruchsaufbau" umfasst folgende, im Übersicht 12 dargestellte Prüfungsschritte.

Zunächst ist die Anspruchsgrundlage für das Begehren des Klägers aufzufinden und dann zu prüfen, ob deren formelle und materielle Voraussetzungen vorliegen. Dabei sind die Anforderungen an die formellen Voraussetzungen erfüllt, wenn die zu verpflichtende Behörde sachlich und örtlich für den Erlass des Verwaltungsaktes zuständig ist sowie etwaige Verfahrens- und Formvorschriften eingehalten wurden.

Übersicht 12: Begründetheit der Verpflichtungsklage

I. Anspruchsgrundlage

II. **Vorliegen** der Anspruchsvoraussetzungen
   1. Formelle Voraussetzungen
   2. Materielle Voraussetzungen

III. **Anspruchsinhalt** (Rechtsfolge)
   1. gebundene Entscheidung
      → Vornahmeurteil
   2. Ermessen auf Null reduziert
      → Vornahmeurteil
   3. Ermessen nicht auf Null reduziert
      → Bescheidungsurteil

In materieller Hinsicht müssen die Tatbestandsvoraussetzungen der Anspruchsnorm gegeben sein. Liegen diese vor, ist weiter zu untersuchen, ob die Rechtsfolgeseite der Anspruchsnorm eine gebundene Entscheidung vorsieht oder nur eine Ermessensentscheidung zulässt. Grund für diese Differenzierung ist die so genannte, in § 113 V VwGO aufgeführte Spruchreife:

Spruchreife bedeutet, dass dem Gericht eine abschließende Entscheidung über das Klagebegehren möglich ist, dieses also alle für die Entscheidung maßgeblichen tatsächlichen und rechtlichen Voraussetzungen kennt und damit zum Erlass der endgültigen Entscheidung imstande ist. Das ist entweder bei einer gebundenen Entscheidung der Fall oder aber wenn der Behörde kein Ermessen eingeräumt ist (Ermessensreduzierung auf Null, Selbstbindung der Verwaltung).

Wenn die Spruchreife vorliegt, ergeht ein Vornahmeurteil gemäß § 113 V 1 VwGO, mit dem das Gericht die Behörde zum Erlass des begehrten Verwaltungsakts verpflichtet.

Anders verhält es sich dagegen, wenn die Spruchreife nicht gegeben ist, also regelmäßig bei Vorliegen eines Ermessensspielraums; dann ergeht „nur" ein Bescheidungsurteil gemäß § 113 V 2 VwGO, bei dem die Behörde verpflichtet wird, den Kläger unter Beachtung der Rechtsauffassung des Gerichtes erneut zu bescheiden.

Bei Zugrundelegung dieser Ausführungen ist im Fall 43 die Klage des S folglich begründet, wenn die Ablehnung der begehrten Gaststättenerlaubnis rechtswidrig, S dadurch in seinen Rechten verletzt und die Sache spruchreif ist. Das ist der Fall, wenn S einen Anspruch auf Erteilung der Erlaubnis hat.

Anspruchsgrundlage sind vorliegend die §§ 2, 4 GastG. Das Vorhaben des S müsste demnach sowohl erlaubnisbedürftig als auch erlaubnisfähig sein. Die Erlaubnisbedürftigkeit ist gegeben: S möchte eine Gaststätte i.S.d. § 1 GastG betreiben, d.h. Getränke zum Verzehr an Ort und Stelle verabreichen, mithin ein Schankwirtschaft gemäß § 1 I Nr. 1 GastG eröffnen. Dies soll auch gewerbsmäßig, d.h. selbständig sowie mit der Absicht der Gewinnerzielung geschehen. Ausnahmetatbestände des § 2 II GastG liegen nicht vor.

Die Erlaubnisfähigkeit liegt vor, wenn keine Versagungsgründe nach § 4 GastG vorliegen: Zwar macht die Gewerbeaufsichtsbehörde insoweit geltend, S sei wegen fehlender Sachkunde gemäß § 4 I S.1 Nr. 1 GastG unzuverlässig. Unzuverlässigkeit liegt vor, wenn S nach dem Gesamteindruck seines Verhaltens nicht die Gewähr dafür bietet, dass er sein Gewerbe künftig ordnungsgemäß betreibt. Die bloße fehlende Sachkunde allein vermag eine Unzuverlässigkeit jedoch regelmäßig nicht zu begründen.

Da auch andere Gründe für eine Unzuverlässigkeit des S nicht ersichtlich sind und für weitere Versagungsgründe nach § 4 GastG keine Anhaltspunkte vorliegen, ist das Vorhaben des S demnach erlaubnisfähig. Die Versagung der Gaststättenerlaubnis war folglich rechtswidrig, wodurch S in seinem Recht aus §§ 2, 4 GastG, aber auch in seinem Grundrecht aus Art. 12 I GG verletzt wurde. Da §§ 2, 4 GastG eine gebundene Entscheidung vorsehen, also Spruchreife besteht, ergeht ein Vornahmeurteil gemäß § 113 V 1 VwGO: S steht ein Anspruch auf die beantragte Gaststättenerlaubnis tatsächlich zu. Seine Verpflichtungsklage ist begründet, das Gericht wird die Behörde zum Erlass einer Gaststättenerlaubnis verpflichten.

Prüfschema 5 bietet einen abschließenden Überblick über Zulässigkeit und Begründetheit der Verpflichtungsklage:

Prüfschema 5: Verpflichtungsklage

A) Zulässigkeit

I. **Verwaltungsrechtsweg**

II. **Statthaftigkeit der Verpflichtungsklage, § 42 I Alt. 1 VwGO**
   - Klageziel: Verpflichtung
   - Klaggegenstand: Verwaltungsakt

III. **Besondere Sachentscheidungsvoraussetzungen**

   1. Klagebefugnis, § 42 II VwGO: Möglichkeit einer Verletzung in eigenen Rechten

   2. Widerspruchsverfahren, § 68 VwGO: form- (Schriftlichkeit) und fristgemäß (ein Monat nach Bekanntgabe des Verwaltungsakts)

   3. Klagefrist, § 74 I VwGO: ein Monat nach Zustellung des Widerspruchsbescheids

   4. Klagegegner, § 78 VwGO: grds. Rechtsträgerprinzip, Ausnahme: landesrechtliche Bestimmungen

IV. **Allgemeine Sachentscheidungsvoraussetzungen**

B) Begründetheit

Die Verpflichtungsklage ist begründet, wenn die Ablehnung oder Unterlassung des begehrten Verwaltungsakts rechtswidrig ist und den Kläger dadurch in seinen Rechten verletzt sowie Spruchreife vorliegt.

I. **Anspruchsgrundlage**

II. **Vorliegen der Anspruchsvoraussetzungen**
   1. Formelle Voraussetzungen
   2. Materielle Voraussetzungen

III. **Anspruchsinhalt (Rechtsfolge)**

Lektion 6: Die allgemeine Leistungsklage

■ Fall 44

S, Jurastudent im 3. Semester, hat sich gerade seinen ersten „Sartorius" gekauft und wirft gleich mal einen Blick hinein: Er möchte die allgemeine Leistungsklage nachschlagen, die sie in der letzten Vorlesung „Verwaltungsprozessrecht" behandelt haben. Doch alles Suchen bleibt vergebens; selbst die „Idiotenwiese", das Sachverzeichnis des Sartorius, verweigert jede Auskunft. S ist frustriert. Gibt es die allgemeine Leistungsklage überhaupt? Oder hat er schon wieder alles falsch verstanden?

Die VwGO kennt zwei Arten der Leistungsklage: die Verpflichtungsklage aus der vorherigen Lektion und die sog. „allgemeine" Leistungsklage. Ein Blick in das Gesetz erleichtert die Rechtsfindung hier ausnahmsweise mal nicht: Die allgemeine Leistungsklage ist im Katalog der gesetzlich erwähnten Klagearten gemäß §§ 42 ff VwGO nicht zu finden. Daher sucht man sie auch im Sachverzeichnis des Sartorius vergeblich.

Doch auch wenn die allgemeine Leistungsklage gesetzlich nicht ausdrücklich geregelt ist, ist sie heute allgemein anerkannt, zumal der Gesetzgeber in vielen Vorschriften der VwGO wie selbstverständlich von ihrer Zulässigkeit ausgegangen ist. Werfen Sie beispielsweise einen Blick in § 43 II 1 VwGO: Danach kann eine Feststellung nicht begehrt werden, soweit der Kläger seine Rechte durch Gestaltungs- oder Leistungsklage verfolgen kann. Diese Vorschrift setzt die Existenz der allgemeinen Leistungsklage also voraus. Weitere Vorschriften dieser Art sind die §§ 111 und 113 IV VwGO. Denken Sie aber auch an ein anderes Rechtsgebiet: Fällt Ihnen vielleicht aus dem Verfassungsrecht noch ein Grund ein, der für die Anerkennung der allgemeinen Leistungsklage spricht? Die Rechtsschutzgarantie des Art. 19 IV S. 1 GG gewährt dem Bürger lückenlosen Rechtsschutz gegen Akte der öffentlichen Gewalt. Folglich muss es auch im Verwaltungsprozess eine Möglichkeit geben, Leistungsansprüche der Beteiligten gerichtlich durchzusetzen.

In Fall 44 hat S somit alles richtig verstanden: Die allgemeine Leistungsklage existiert tatsächlich. Dass er die „Idiotenwiese" zu Rate zog, braucht ihn nicht weiter zu beschämen: Er wird im Laufe seines Studentenlebens noch häufig – und oft erfolgreich – Ausflüge auf dieses Stück Grünfläche unternehmen müssen.

Statthafte Klageart

Die allgemeine Leistungsklage ist die statthafte Klageart, wenn das Begehren des Klägers auf eine Leistung (Handeln, Dulden, Unterlassen) gerichtet ist, die nicht im Erlass eines Verwaltungsaktes liegt.

In der Systematik der Klagearten der VwGO ist die allgemeine Leistungsklage gegenüber der Verpflichtungsklage subsidiär. Sie kommt nur dann in Betracht, wenn das Begehren des Klägers nicht im Wege der Verpflichtungsklage durchgesetzt werden kann. Sinn und Zweck dieser (ungeschriebenen) Subsidiarität ist, die Umgehung der besonderen Regelungen von Anfechtungs- und Verpflichtungsklage (Vorverfahren, Klagefrist) zu verhindern, die für die Erhebung der allgemeinen Leistungsklage grundsätzlich nicht erforderlich sind.

Das bedeutet: Soweit es ausschließlich um den Erlass eines Verwaltungsaktes geht, ist die Verpflichtungsklage die speziellere Klageart und stellt eine abschließende Regelung dar. Der allgemeinen Leistungsklage kommt daher eine Auffangfunktion insbesondere für diejenigen Fälle zu, in denen ein Leistungsbegehren nicht im Erlass eines Verwaltungsakts besteht. Sie wird daher bisweilen auch als „echte Auffangklageart" bezeichnet.

Drei Arten der allgemeinen Leistungsklage lassen sich unterscheiden: die Leistungsvornahmeklage, die Leistungsunterlassungsklage und die vorbeugende Unterlassungsklage:

Übersicht 13: Arten der allgemeinen Leistungsklage

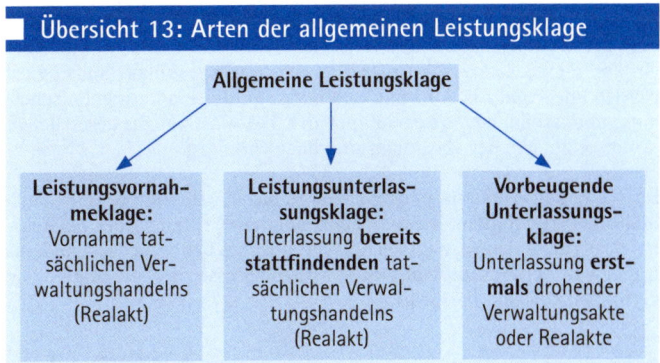

Entscheidend für die Abgrenzung zur Verpflichtungsklage ist also die Frage, ob der Erlass eines Verwaltungsakts oder die Vornahme tatsächlichen Verwaltungshandelns begehrt wird. Dies kann insbesondere in den folgenden Fallgruppen zu Abgrenzungsschwierigkeiten führen: Auskunftserteilung, Akteneinsicht, Geldzahlungen.

Auskunftserteilung

Fall 45
Als Bücherwurm B von der Stadtverwaltung mehrmals und über einen längeren Zeitraum hinweg keine Auskunft über die geplante Neueröffnung der Stadtbibliothek erhält, erwägt er, sein Auskunftsbegehren auf dem Klageweg durchzusetzen. Statthafte Klageart?

Welche Klageart für das Begehren des Bürgers auf Auskunft statthaft ist, wird von Rechtsprechung und Literatur nicht einheitlich gesehen. Einigkeit besteht insoweit, dass die Erteilung einer Auskunft nicht auf die Setzung von Rechtsfolgen gerichtet ist und daher einen Realakt darstellt (Wissenserklärung). Umstritten ist jedoch, ob die vorausgehende behördliche Entscheidung über die Auskunftserteilung Regelungswirkung im Sinne des § 35 VwVfG entfaltet.

Überwiegend wird dabei eine so genannte „Schwerpunkttheorie" vertreten, die danach fragt, ob der rechtliche Schwerpunkt des behördlichen Handelns in der Auskunftserteilung (kein Verwaltungsakt) oder in der Entscheidung über das „Ob" und den Umfang der Auskunftserteilung liegt (Verwaltungsakt). Letzteres ist insbesondere der Fall, wenn zuvor ein komplexer Sachverhalt unter die Anspruchsgrundlage subsumiert werden muss und z.B. Ausschlussgründe zu prüfen sind. Diese Entscheidung umfasst dann eine Regelung i.S.d. § 35 VwVfG, ob die gesetzlichen Voraussetzungen der Anspruchsgrundlage vorliegen.

Da es B in Fall 45 nur darum geht, eine einfache Auskunft über die Stadtbibliothek zu erhalten, bei der keine komplexe Prüfung eines Sachverhalts vorzunehmen ist, liegt der Schwerpunkt des behördlichen Handelns folglich in der Auskunftserteilung (= Realakt), so dass die allgemeine Leistungsklage statthaft wäre.

Akteneinsicht

Fall 46

Eine weltweite Bankenkrise erschüttert auch den Finanzmarkt in Deutschland und sorgt dafür, dass Rentner R ein kleines Vermögen verliert, das er sicher angelegt glaubte. R fragt sich, ob denn die Bankenaufsicht geschlafen habe. Er möchte daher Einsicht in deren Akten nehmen. Um sich die lange Anfahrt zu ersparen, verlangt er die Übersendung der Akten – die 20 Ordner umfassen – in Kopie. Ein entsprechender Antrag des R wird von der zuständigen Behörde abgelehnt. R will gerichtlich dagegen vorgehen: Was wäre die statthafte Klageart?

Bei der Akteneinsichtnahme gelten die zur Auskunftserteilung aufgestellten Grundsätze entsprechend. Demnach ist auch hier danach zu fragen, worin der Schwerpunkt des behördlichen Handelns liegt: in der tatsächlichen Einsichtnahme – hier in Form der Übersendung von Kopien – oder in der Entscheidung über das „Ob" und den Umfang der Akteneinsicht?

In Fall 46 ist Anspruchsgrundlage für das Begehren des R § 1 Informationsfreiheitsgesetz (IFG, Sartorius Nr. 113): „Jeder hat nach Maßgabe dieses Gesetzes gegenüber den Behörden des Bundes einen Anspruch auf Zugang zu amtlichen Informationen". Danach hat R gegenüber der Bundesbehörde der Bankenaufsicht grundsätzlich einen Rechtsanspruch auf die von ihm begehrte Information.

Die darauf folgenden §§ 4 – 6 IFG zählen zahlreiche Ausnahmetatbestände mit unbestimmten Rechtsbegriffen auf, durch die das Recht auf Informationszugang eingeschränkt oder ganz verwehrt werden kann. Zudem bedeutet es einen enormen Verwaltungsaufwand, 20 Aktenordner zu kopieren und zu versenden (ggf. ist zusätzlich Text zu schwärzen und die Einwilligung Dritter einzuholen): Der Schwerpunkt des Behördenhandelns liegt also in der Entscheidung über das „Ob" und den Umfang der Auskunftserteilung. Es wäre demnach eine Verpflichtungsklage statthaft. Das IFG regelt das übrigens in § 9 IV IFG ganz explizit.

Zu den statthafte Klagearten bei der Auskunftserteilung und auch der Akteneinsicht nun der Übersicht 14.

> ### Übersicht 14: Statthafte Klageart bei Auskunftserteilung
>
> **Statthafte Klageart bei Auskunftserteilung und Akteneinsicht**
>
> ▶ Soweit Auskunftsansprüche **spezialgesetzlich** geregelt sind, ergibt sich die statthafte Klageart oft aus dem Spezialgesetz oder einer gefestigten Rechtsprechung hierzu. So sind etwa Auskunftsklagen im Rahmen des Informationsfreiheitsgesetzes stets Verpflichtungsklagen, im Rahmen der Pressegesetze der Länder stets allgemeine Leistungsklagen.
> ▶ In den **übrigen Fällen** ist die Klage auf Erteilung einer (einfachen) Auskunft **regelmäßig** als allgemeine Leistungsklage anzusehen, da die Auskunft als Mitteilung von Tatsachen (Wissenserklärung) keine Rechtsfolgen begründet, sondern einen Realakt darstellt. **Dagegen** ist statthafte Klageart die Verpflichtungsklage, wenn der Schwerpunkt des behördlichen Handelns in der Prüfung über das „Ob" und den Umfang der Auskunftserteilung liegt. Dies ist insbesondere der Fall, wenn zuvor ein komplexer Sachverhalt unter die Anspruchsgrundlage subsumiert werden muss und z.B. Ausschlussgründe zu prüfen sind.
>
> **Nochmals kurz:**
>
> | | |
> |---|---|
> | Spezielle Regelung im Gesetz: | dort nachsehen |
> | Keine Regelung: | in der Regel Leistungsklage (Verpflichtungsklage wenn Ob und Umfang Schwerpunkt) |
>
> Bei der Gewährung von **Akteneinsicht** gelten die hier aufgestellten Grundsätze entsprechend.

Geldzahlungen

Fall 47

Rechtsanwalt R gibt mangels Mandanten seine Zulassung zurück. Er vergisst jedoch, den Dauerauftrag für Mitgliedsbeiträge an die Rechtsanwaltskammer zu widerrufen. Als R dies erkennt, verweigert die ebenfalls klamme Kammer die Rückzahlung. R verlangt das Geleistete auf dem Klagewege zurück. Statthafte Klageart?

Die Auszahlung eines Geldbetrages stellt für sich genommen – den schlichten Akt der Auszahlung betrachtet – lediglich die Vornahme einer tatsächlichen Handlung dar. Oftmals setzt die Rechtmäßigkeit dieses Realaktes jedoch nach materiellem Recht zwingend die Vorschaltung eines Bewilligungsbescheids voraus, in dem die Behörde den Zahlungsanspruch festlegt. Diese Zweistufigkeit des Verfahrens – auf der ersten Stufe der Bewilligungsbescheid und auf der zweiten Stufe die Auszahlung – hat für den Bürger dann auch prozessuale Auswirkungen: Er muss sowohl auf die Vorabentscheidung (Bewilligungsbescheid) zur Vornahme der Handlung als auch auf deren tatsächliche Ausführung klagen. Für das Begehren auf erster Stufe (Bewilligungsbescheid) ist dabei die Verpflichtungsklage einschlägig, für das Begehren auf zweiter Stufe (tatsächliche Vornahme der Auszahlung) dagegen die allgemeine Leistungsklage.

Im Fall 47 kann die Rechtsanwaltskammer die überzahlten Mitgliedsbeiträge ohne Erlass eines Verwaltungsaktes schlicht auszahlen (Realakt). Statthafte Klageart ist daher die allgemeine Leistungsklage.

Fall 48

Unternehmer U beantragt eine Subvention, die ihm verwehrt wird. Er möchte klagen; statthafte Klageart?

Hier müsste U Verpflichtungsklage erheben, geht es ihm doch (denken Sie auch an den Verwaltungsrechtsweg zurück) um das „Ob" der Bewilligung einer Sanktion. Diese Entscheidung jedoch stellt einen Verwaltungsakt dar.

Übersicht 15: Statthafte Klageart bei Geldzahlungen

Statthafte Klageart bei Geldzahlungen

Die **Auszahlung eines Geldbetrages** stellt als Vornahme einer tatsächlichen Handlung einen Realakt dar. Sofern für dessen Rechtmäßigkeit nach materiellem Recht zwingend eine Vorabentscheidung (**Bewilligungsbescheid**) der Behörde vorgeschrieben ist (z.B. im Subventionsrecht durch Subventionsbescheid), stellt diese vorgeschaltete Entscheidung einen Verwaltungsakt dar. In letzterem Fall wäre die **Verpflichtungsklage** statthaft, in ersterem die **allgemeine Leistungsklage**.

Nochmals kurz:

- Nur Auszahlung als Realakt → allgemeine Leistungsklage
- Bewilligungsbescheid vorab → Verpflichtungsklage

Allgemeines Rechtsschutzbedürfnis

▬▬▬ Fall 49

Z betreibt ein Bordell in der Fußgängerzone der Stadt K. Da es immer wieder zu Vorfällen kommt, bei denen Prostituierte auf dem Gehweg Passanten belästigen, droht die zuständige Gewerbeaufsichtsbehörde dem Z mit einer für sofort vollziehbar erklärten Untersagungsverfügung, falls er die von seinem Bordell ausgehenden Belästigungen nicht unterbinde. Zudem sei für den Fall der Zuwiderhandlung die Verhängung eines Bußgeldes von 5.000 EUR vorgesehen. Z will schon jetzt gegen die drohende Untersagungsverfügung klagen. Kann er?

Im Rahmen der allgemeinen Leistungsklage kann das allgemeine Rechtsschutzbedürfnis Fragen aufwerfen, wenn der Kläger eine vorbeugende Unterlassungsklage erheben will. Eine solche ist dadurch gekennzeichnet, dass ein erstmals drohendes Verwaltungshandeln – Realakt oder Verwaltungsakt – von vornherein verhindert werden soll. Grundsätzlich ist die VwGO jedoch nur auf nachträglichen Rechtsschutz ausgerichtet, der vorsieht, dass der Bürger zunächst den Erlass des Verwaltungsaktes abwarten muss und erst dann hiergegen vorgehen kann. Für die Zulässigkeit einer solchen präventiven Klage ist daher das Vorliegen eines **qualifizierten Rechtsschutzinteresses** erforderlich, dessen inhaltliche Anforderungen sich danach richten, ob es um die Abwehr eines Verwaltungsaktes oder eines tatsächlichen Verwaltungshandelns geht:

Sofern der Kläger die Unterlassung eines drohenden Verwaltungsaktes begehrt, besteht nur ausnahmsweise ein qualifiziertes Rechtsschutzbedürfnis. Denn die VwGO gewährt wie gesagt gegen Verwaltungsakte nachträglichen Rechtsschutz durch Widerspruch und Anfechtungsklage, denen in der Regel gemäß § 80 I VwGO aufschiebende Wirkung zukommt; das bedeutet, dass die Verwaltungsakte zunächst nicht vollzogen werden dürfen. Ein Bedürfnis für vorbeugenden Rechtsschutz wird deshalb immer nur dann für zulässig erachtet, wenn dem Betroffenen die Verweisung auf den nachträglichen Rechtsschutz nach Erlass des Verwaltungsaktes nicht mehr zumutbar ist. Nach den von der Rechtsprechung hierzu entwickelten Fallgruppen wird eine solche Unzumutbarkeit angenommen bei **Schaffung vollendeter Tatsachen**, sich **kurzfristig erledigender Verwaltungsakte** und **straf- oder bußgeldbewehrten Verwaltungsakten**.

In Fall 49 ist die Fallgruppe des straf- und bußgeldbewehrten Verwaltungsaktes einschlägig: Z kann nicht zugemutet werden, den Erlass der bußgeldbewehrten und mit der Anordnung der sofortigen Vollziehung versehenen Untersagungsverfügung abzuwarten, um dann erst gegen sie vorzugehen. Die vorbeugende Unterlassungsklage des Z gegen den drohenden Verwaltungsakt der Untersagungsverfügung ist also ausnahmsweise zulässig.

Fall 50
Nudelfabrikant B erfährt aus sicherer Quelle, dass ein bereits verfasster Bericht des Gesundheitsministeriums unmittelbar vor der Veröffentlichung steht, in dem vor dem Verzehr von Nudelprodukten aus seinem Haus gewarnt wird. Aus Furcht vor Umsatzeinbußen möchte B der Veröffentlichung des Berichts auf dem Klagewege „zuvorkommen". Kann er dies?

Anders als in der vorherigen Fallkonstellation fehlt, wenn die Unterlassung eines drohenden Realaktes begehrt wird, eine Regelung, die § 80 I VwGO vergleichbar wäre: Hier steht nicht die Möglichkeit offen, die Wirkung des Realaktes gleichsam zu suspendieren mit der Folge, dass er nicht befolgt zu werden bräuchte. Daher werden bei einer Unterlassungsklage gegen drohende Realakte von der Rechtsprechung weniger strenge Anforderungen an das Rechtsschutzbedürfnis des Klägers gestellt. Unter zwei Voraussetzungen liegt das qualifizierte Rechtsschutzbedürfnis vor: Zum einen muss der drohende Realakt hinreichend bestimmt sein. Zum anderen ist erforderlich, dass in Anlehnung an § 1004 I 2 BGB eine Wiederholungsgefahr oder eine sog. Erstbegehungsgefahr besteht.

In Fall 50 besteht für B erstmals die ernsthaft drohende Verletzung seiner subjektiven Rechte, insbesondere aus Art. 12 I GG. Damit liegt eine Erstbegehungsgefahr vor. Da der Bericht des Gesundheitsministeriums außerdem bereits verfasst ist, ist er auch schon hinreichend bestimmt. B kann daher im Wege der vorbeugenden Unterlassungsklage gegen die geplante Veröffentlichung vorgehen.

Übersicht 16 bietet einen Überblick über das qualifizierte Rechtsschutzinteresse bei vorbeugenden Unterlassungsklagen:

Übersicht 16: Qualifiziertes Rechtsschutzbedürfnis

Qualifiziertes Rechtsschutzbedürfnis

Abwehr eines zukünftigen VA
wenn Verweis auf nachträglichen Rechtsschutz unzumutbar:
1. Schaffung vollendeter Tatsachen
2. Sich kurzfristig erledigender VA
3. Straf- oder bußgeldbewehrte VA

Abwehr eines zukünftigen Realaktes
1. Hinreichende Bestimmtheit des zukünftigen Realaktes
2. Wiederholungs- oder sog. Erstbegehungsgefahr

Klagebefugnis

Fall 51
Rentner R ist Eigentümer eines Einfamilienhauses in der Gemeinde G, das etwa 500 Meter von dem von G neu errichteten Stadion entfernt liegt. Das nächtliche Flutlicht dringt bis in das Schlafzimmer des R vor. R möchte hiergegen klagen. Klagebefugnis?

Nach dem Wortlaut des § 42 II VwGO ist die Klagebefugnis nur Sachentscheidungsvoraussetzung für die Anfechtungs- und Verpflichtungsklage. Um Popularklagen auszuschließen, wendet die herrschende Meinung jedoch § 42 II VwGO analog auf die allgemeine Leistungsklage an. Die Klagebefugnis liegt dabei nur vor, wenn die Möglichkeit besteht, dass der vom Kläger geltend gemachte Anspruch besteht.

In Fall 51 liegt die Klagebefugnis des R vor: Die immissionsfreie Nutzung des Eigentums unterfällt dem Schutz des Art. 14 GG; hinzu kommt, dass die Flutlichtbeeinträchtigungen auch zu gesundheitlichen Schäden (Art. 2 II 1 GG) führen können. Es besteht also die Möglichkeit, dass R einen Anspruch auf Beseitigung der entsprechenden Immissionen hat.

Begründetheit der allgemeinen Leistungsklage

Die allgemeine Leistungsklage ist begründet, wenn dem Kläger der von ihm erhobene Anspruch gegen den Beklagten zusteht. Im Rahmen der Begründetheit der allgemeinen Leistungsklage sind folglich die Voraussetzungen der vom Kläger geltend gemachten Anspruchsgrundlage zu prüfen.

Die wichtigsten Anspruchsgrundlagen sind hierbei:

▶ Vertragsansprüche

▶ Folgenbeseitigungsansprüche

▶ öffentlich-rechtliche Erstattungs- und Unterlassungsansprüche

Nähere Erläuterungen hierzu finden Sie im Buch Verwaltungsrecht – *leicht gemacht*®.

Beispielhaft hier ein Fall zu vertraglichen Ansprüchen:

Vertragsansprüche

Fall 52
A, dessen Grundstück in einem Naturschutzgebiet liegt, verpflichtet sich in einem öffentlich-rechtlichen Vertrag mit der Verwaltung V gegen das Versprechen einer Ausgleichszahlung, gewisse Beschränkungen hinsichtlich der Bodennutzung seines Grundstücks hinzunehmen. Obwohl A sich an die vertraglichen Nutzungsbeschränkungen hält, weigert sich V die versprochene Ausgleichszahlung vorzunehmen. Daher klagt A seinen Zahlungsanspruch vor dem zuständigen Verwaltungsgericht ein. Begründet?

Bisweilen kann sich ein Leistungsanspruch direkt aus einem öffentlich-rechtlichen Vertrag ergeben. Dann ist in einem ersten Schritt zu untersuchen, ob der öffentlich-rechtliche Vertrag nach dem Prüfmuster Zuständigkeit, Verfahren, Form wirksam zustande gekommen ist, insbesondere ob Formvorschriften eingehalten wurden (§ 57 VwVfG: Schriftform!).

Anschließend ist zu prüfen, ob der Vertrag auch noch besteht: Wichtig sind in diesem Zusammenhang die Nichtigkeitsgründe des § 59 VwVfG.

Schließlich kann dem Leistungsanspruch der Einwand des Rechtsmissbrauchs entgegenstehen.

Im Fall 52 haben A und V einen wirksamen öffentlichen Vertrag geschlossen, aus dem sich für A der Anspruch auf eine Ausgleichzahlung ergibt. Nichtigkeitsgründe sind nicht ersichtlich. Anhaltspunkte für ein rechtsmissbräuchliches Verhalten des A bestehen ebenfalls nicht; A hat sich vertragstreu verhalten. Er kann daher im Wege der allgemeinen Leistungsklage eine Ausgleichszahlung für die von ihm hingenommene Nutzungsbeschränkung verlangen.

Zusammenfassend zu Vertragsansprüchen aus öffentlich-rechtlichen Verträgen Übersicht 17:

Übersicht 17: Öffentlich-rechtliche Vertragsansprüche

I. **Bestehen** eines Leistungs- bzw. Erstattungsanspruchs

   1. Vorliegen eines wirksamen verwaltungsrechtlichen Vertrages:
      a) Zuständigkeit
      b) Verfahren
      c) Form, § 57 VwVfG

   2. Keine Nichtigkeit des verwaltungsrechtlichen Vertrages, § 59 VwVfG

   3. Keine rechtsmissbräuchliche Geltendmachung des Anspruchs

II. **Rechtsfolge**: Gewährung des Leistungs- bzw. Erstattungsanspruchs

Prüfschema 6 bietet einen abschließenden Überblick über die allgemeine Leistungsklage:

Prüfschema 6: Allgemeine Leistungsklage

A) Zulässigkeit

I. Verwaltungsrechtsweg

II. Statthafte Klageart:
Die allgemeine Leistungsklage ist statthaft, wenn der Kläger eine Leistung (Handeln, Dulden oder Unterlassen) begehrt, die nicht im Erlass eines Verwaltungsakts besteht

III. Klagebefugnis analog § 42 II VwGO

IV. Allgemeine Sachentscheidungsvoraussetzungen

V. Rechtsschutzbedürfnis: qualifiziert bei der vorbeugenden Unterlassungsklage

B) Begründetheit

Die allgemeine Leistungsklage ist begründet, wenn dem Kläger der geltend gemachte Anspruch auf ein Tun, Dulden oder Unterlassen zusteht.

I. Vorhandensein einer wirksamen Anspruchsgrundlage

II. Vorliegen der Anspruchsvoraussetzungen

III. Rechtsfolge

Lektion 7: Allgemeine Feststellungsklage

Zulässigkeit der allgemeinen Feststellungsklage

Die allgemeine Feststellungsklage ist in § 43 VwGO geregelt. Drei Arten der allgemeinen Feststellungsklage lassen sich unterscheiden; Übersicht 18 führt sie auf:

> **Übersicht 18: Arten der allgemeinen Feststellungsklage**
>
> **Nach § 43 I VwGO kann die allgemeine Feststellungsklage gerichtet sein auf:**
>
> 1. Feststellung des Bestehens eines Rechtsverhältnisses
>   (**positive Feststellungsklage**)
>
> 2. Feststellung des Nicht-Bestehens eines Rechtsverhältnisses
>   (**negative Feststellungsklage**)
>
> 3. Feststellung der Nichtigkeit eines Verwaltungsaktes
>   (**Nichtigkeitsfeststellungsklage**)

Während die Nichtigkeitsfeststellungsklage das objektive Vorliegen eines Verwaltungsaktes voraussetzt, verlangen positive und negative Feststellungsklage ein „Rechtsverhältnis". Was damit im Einzelnen gemeint ist, sehen wir uns nun an:

Positive Feststellungsklage

Fall 53

Die ausländischen Eltern M und F leben seit acht Jahren rechtmäßig in Deutschland und besitzen ein unbefristetes Aufenthaltsrecht. Als sie für ihr in Deutschland geborenes Kind K beim zuständigen Standesamt den Erwerb der deutschen Staatsangehörigkeit eintragen lassen wollen, wird ihnen mitgeteilt, dass die Voraussetzungen hierfür nicht vorlägen. M und F wollen daraufhin durch das zuständige Verwaltungsgericht festgestellt haben, dass K nach § 4 III Nr. 1 Staatsangehörigkeitsgesetz (StAG, Sartorius Nr. 15) die deutsche Staatsangehörigkeit bereits kraft

Gesetzes – also „automatisch" – erworben hat. Welche ist die statthafte Klageart?

Die statthafte Klageart ist ausgehend vom Klagebegehren zu ermitteln: Bei der positiven Feststellungsklage ist das Begehren des Klägers auf das Bestehen eines „Rechtsverhältnisses" gerichtet. Der Begriff „Rechtsverhältnis" wird dabei definiert als „die aus einem konkreten Sachverhalt aufgrund einer Rechtsnorm des öffentlichen Rechts sich ergebenden rechtlichen Beziehungen einer Person zu einer anderen Person oder zu einer Sache". Zerlegt man diese Definition in ihre Einzelteile, ergibt sich schon ein etwas übersichtlicheres Bild, das Leitsatz 5 wiedergibt:

Leitsatz 5

Rechtsverhältnis gemäß § 43 VwGO

Rechtsverhältnis: Rechtsbeziehung, die sich ergibt

1. aus einem **konkreten** Sachverhalt

2. aufgrund **öffentlich-rechtlicher** Vorschrift (Rechtsnorm, VA, Verwaltungsvertrag)

3. für das **Verhältnis** mehrerer Personen untereinander oder einer Person zu einer Sache

Liegt im Fall 53 ein Rechtsverhältnis i.S.d. § 43 I VwGO vor? Das Staatsangehörigkeitsrecht regelt die Beziehungen zwischen dem Rechtssubjekt „Bürger" und dem Rechtssubjekt „Staat", wodurch für beide Seiten Rechte und Pflichten begründet werden. Konkret begründet § 4 III StAG das Recht ausländischer Kinder auf Erwerb der deutschen Staatsangehörigkeit kraft Gesetzes. K erwirbt somit in Anwendung dieser öffentlich-rechtlichen Norm unter den dort genannten Voraussetzungen „automatisch" die deutsche Staatsangehörigkeit. Die Staatsangehörigkeit stellt ein feststellungsfähiges Rechtsverhältnis i.S.d. § 43 I VwGO dar. M und F können für ihr Kind K positive Feststellungsklage auf Bestehen der deutschen Staatsangehörigkeit erheben.

Negative Feststellungsklage

Fall 54

Regelmäßig lädt Weinbauer W zur Wein- und Schnapsprobe in seinen Weinkeller ein. Dabei verkauft er selbst erzeugte Weine und Schnäpse, zu denen er Brot und Hartkäsewürfel reicht. Als ihm das zuständige Gewerbeamt mitteilt, dass es seine Veranstaltungen für anzeigepflichtig halte, ist die feuchtfröhliche Stimmung bei W schnell vorbei. Empört möchte er Klage vor dem Verwaltungsgericht erheben mit dem Antrag festzustellen, dass seine Veranstaltungen nicht der Anzeigepflicht des § 14 GewO unterliegen, da er überhaupt keinem Gewerbe nachgehe. Welche Klageart kommt in Betracht, wäre die Klage begründet?

Anders als die ausländischen Eltern im Ausgangsfall dieser Lektion begehrt W hier nicht die positive Feststellung eines Rechtsverhältnisses, sondern möchte umgekehrt – also negativ – festgestellt wissen, dass gerade kein Rechtsverhältnis zwischen ihm und dem Gewerbeamt besteht, sprich seine Veranstaltungen kein Gewerbe darstellen und damit nicht der Anzeigepflicht des § 14 GewO unterliegen. Für eine solche Feststellung des Nicht-Bestehens eines Rechtsverhältnisses ist die negative Feststellungsklage die statthafte Klageart.

Sind die Veranstaltungen des W aber tatsächlich anzeigefrei? Zur Beantwortung dieser Frage müssen wir den Gewerbebegriff der Gewerbeordnung (Sartorius Nr. 800) einführen, der Ihnen im Laufe ihres Studiums aber ohnehin noch häufiger begegnen wird: Danach ist unter Gewerbe im gewerberechtlichen Sinn jede erlaubte, auf Gewinnerzielung gerichtete, dauerhafte und selbständige Tätigkeit zu verstehen, die nicht freier Beruf, Urproduktion oder Verwaltung eigenen Vermögens ist.

Im Fall 54 liegt die Ausnahme der Urproduktion vor. Dazu gehören nämlich auch entgeltliche Wein- und Schnapsproben, wenn sie in einem Weinkeller bzw. einem einfach eingerichteten Raum erfolgen, der nicht die Ausstattung einer herkömmlichen Gaststätte aufweist. Demnach ist die negative Feststellungsklage des W begründet, da das strittige Rechtsverhältnis in der Tat nicht besteht: W übt kein Gewerbe aus. Er kann seine Veranstaltungen also ungestört fortsetzen.

Nichtigkeitsfeststellungsklage

Fall 55
E erhält einen Einberufungsbescheid zur Ableistung des Grundwehrdienstes, obwohl schon vor Monaten die allgemeine Wehrpflicht ausgesetzt wurde. Er ist entsetzt: Dem Kreiswehrersatzamt ist doch offensichtlich ein schwerwiegender Fehler unterlaufen! Trotzdem ist E unsicher: Soll er jetzt mittels Widerspruch und Anfechtungsklage oder mit der Nichtigkeitsfeststellungsklage gegen den Einberufungsbescheid vorgehen?

Gegenstand einer allgemeinen Feststellungsklage kann nach § 43 I Var. 3 VwGO auch die Feststellung der Nichtigkeit eines Verwaltungsaktes sein (Nichtigkeitsfeststellungsklage). Voraussetzung hierfür ist das objektive Vorliegen eines Verwaltungsaktes. Zweifelsohne erfüllt der an E gerichtete Einberufsbescheid die Begriffsmerkmale eines Verwaltungsaktes nach § 35 VwVfG. Doch ist dieser nun rechtswidrig oder nichtig? Dem Bürger als Laien kann nicht zugemutet werden, die Aufgabe des Gerichts zu übernehmen und die Intensität der Rechtswidrigkeit des Verwaltungsaktes beurteilen. Ihm muss es daher möglich sein, wenn sowohl die Rechtswidrigkeit als auch die Nichtigkeit eines Verwaltungsaktes in Betracht kommt, entweder Anfechtungsklage nach § 42 I Alt. 1 VwGO oder Nichtigkeitsfeststellungsklage nach § 43 I Var. 3 VwGO zu erheben. E aus Fall 55 könnte also jeden der beiden Wege beschreiten.

Fall 56
Wegen ständiger Pöbeleien während einer Gemeinderatssitzung wird Gemeinderatsmitglied A aus dem Sitzungssaal verwiesen. Empört begehrt er die Feststellung, dass der Sitzungsverweis nichtig ist. Zulässig?

Eine Nichtigkeitsfeststellungsklage ist nur statthaft, wenn – objektiv – auch tatsächlich ein Verwaltungsakt vorliegt. Fehlt der hoheitlichen Maßnahme dagegen eines der für die Annahme eines Verwaltungsaktes erforderlichen Begriffsmerkmale des § 35 VwVfG, kommt eine Nichtigkeitsfeststellungsklage von vornherein nicht in Betracht.

So auch im Fall 56: Da A lediglich in seinen organschaftlichen Mitgliedsrechten, d.h. in solchen Rechten betroffen ist, die A als Organ der Gemeindevertretung berühren, fehlt der Maßnahme nach allgemeiner Meinung die Außenwirkung. Mangels Vorliegens eines Verwaltungsaktes kommt eine Nichtigkeitsfeststellungsklage folglich nicht in Frage.

Subsidiaritätsklausel

Fall 57

Privatdozent P – Dozent für Öffentliches Recht – beantragt beim zuständigen Bauamt die Erteilung einer Baugenehmigung zum Bau seines Wochenendhauses. Zurück aus seinem dreimonatigen Sommerurlaub findet er in seinem Briefkasten nicht nur einen Ablehnungsbescheid vor, der ihm die Baugenehmigung versagt, sondern stellt obendrein auch noch fest, dass die Widerspruchsfrist schon abgelaufen ist. P ist verärgert: Von einer Behörde lasse er sich nicht sagen, was rechtens sei; das Bauamt habe gar keine andere Wahl, als seinen Bauantrag stattzugeben. Er erhebt vor dem zuständigen Verwaltungsgericht Klage mit dem Antrag festzustellen, dass die Behörde zum Erlass der beantragten Baugenehmigung verpflichtet ist. Zulässig?

Der Subsidiaritätsgrundsatz des § 43 II 1 VwGO besagt, dass ein Kläger eine Feststellungsklage grundsätzlich nur dann erheben darf, wenn für sein Klagebegehren keine andere Klageart zur Verfügung steht.

Hintergrund dieser Regelung ist prozessökonomischer Natur: Ein Kläger kann aus einem Feststellungsurteil nicht vollstrecken. Das Feststellungsurteil stellt lediglich den Gegenstand der Feststellungsklage – also das Bestehen oder Nicht-Bestehen eines Rechtsverhältnisses oder die Nichtigkeit eines Verwaltungsaktes – fest, ohne jedoch wie bei der Anfechtungsklage das Recht unmittelbar zu ändern (= Gestaltungsurteil) oder bei der Verpflichtungs- oder Leistungsklage ein vollstreckbares Urteil (= Leistungsurteil) zu schaffen.

Zum ernsthaften Problem wird dies für den Kläger dann, wenn der Beklagte dem Feststellungsurteil nicht freiwillig nachkommt: Dann müsste der Kläger zur Durchsetzung dieses festgestellten Rechts eine zweite Klage erheben mit dem Ziel, auch ein vollstreckbares Urteil zu erwirken. Dadurch aber würden die Gerichte doppelt in Anspruch genommen.

Die Subsidiaritätsklausel gelangt auch in Fall 57 zur Anwendung: Sofern das Verwaltungsgericht nämlich durch Feststellungsurteil feststellte, dass das Bauamt zum Erlass der Baugenehmigung verpflichtet ist, und das Bauamt gleichwohl diesem Urteil nicht nachkäme, so müsste P wegen der fehlenden Vollstreckbarkeit von Feststellungsurteilen nochmals verwaltungsgerichtliche Klage erheben, diesmal in Form der Verpflichtungsklage. Zur Vermeidung dieser wenig ökonomischen Vorgehensweise ist von P daher zu verlangen, sogleich Verpflichtungsklage zu erheben. Doch bei alledem: Ist die Feststellungsklage des P nicht ohnehin verfristet?

Angesprochen ist damit die zweite Funktion der Subsidiaritätsklausel. Danach dient die Subsidiaritätsklausel auch der Verhinderung der Umgehung besonderer Sachentscheidungsvoraussetzungen der Anfechtungs- und Verpflichtungsklage, wie etwa Vorverfahren und Klagefrist. Würde im Beispielsfall die Feststellungsklage zugelassen werden, könnte P die für die Verpflichtungsklage grundsätzlich erforderliche Klagefrist nach § 74 VwGO umgehen. Beide Funktionen des Subsidiaritätsgrundsatzes sprechen somit gegen die Zulässigkeit der Klage des P.

Leitsatz 6

Funktionen des Subsidiaritätsgrundsatzes

Der Subsidiaritätsgrundsatz dient der Verhinderung

1. einer **doppelten** Inanspruchnahme der Gerichte
2. der **Umgehung** der besonderen Regelungen der Anfechtungs- und Verpflichtungsklage (Vorverfahren, Klagefrist)

Fall 58

Während einer Polizeikontrolle wird das Butterfly-Messer des R sichergestellt. Kurze Zeit später wird zwar die Sicherstellungsverfügung wieder aufgehoben, jedoch das Messer nicht an R herausgegeben. R begehrt daraufhin die gerichtliche Feststellung, dass die Polizei das Messer rechtswidrigerweise einbehält. Zulässig?

Da die Sicherstellungsverfügung (= Verwaltungsakt) als Rechtsgrundlage für die Einbehaltung des Messers aufgehoben wurde, kann R mit einer allgemeinen Leistungsklage „eigentlich" auf Herausgabe des Messers (Vornahme einer tatsächlichen Verwaltungshandlung) klagen. Voraussetzung dafür ist allerdings, dass man die allgemeine Leistungsklage nicht aufgrund der Subsidiaritätsklausel für ausgeschlossen hält. Ob die Subsidiaritätsklausel nämlich auch im Verhältnis zur allgemeinen Leistungsklage Anwendung findet, wird unterschiedlich gesehen.

Die herrschende Meinung lehnt die Subsidiaritätsklausel im Verhältnis zur allgemeinen Leistungsklage ab. Im Wesentlichen beruht diese Ablehnung auf der Erwägung, dass angesichts der Rechtsbindung der Verwaltung Behörden sich in der Regel rechtstreu verhalten werden, sich also auch ohne den Vollstreckungsdruck eines Leistungsurteils an eine gerichtlich festgestellte Rechtslage halten (sog. „Ehrenmanntheorie"). Die kleine Gegenmeinung geht entsprechend ohne diese hoffnungsvolle Erwägung von der Anwendung des Subsidiaritätsgrundsatzes aus.

In der Tat wird man hier mit der h.M. bei der Polizeibehörde aus Fall 58 davon auszugehen haben, dass sie sich rechtstreu verhalten wird. Die begehrte Feststellung des R ist daher zulässig und wird nicht durch die allgemeine Leistungsklage verdrängt.

Feststellungsinteresse

Fall 59

Die Stadt K wird von einer Serie von Sprengstoffanschlägen erschüttert. Als die Polizei aus vermeintlich sicherer Quelle den Hinweis bekommt, A sei der Täter, glaubt sie, der Anschlagserie endlich ein Ende setzen zu können: Sie stürmt ohne richterliche Anordnung die Wohnung von A, der jedoch nicht anwesend ist. Trotzdem durchsucht sie in Abwesenheit des A dessen Wohnung. A, der mit der ganzen Sache nichts zu tun hat, ist geschockt: Der „Polizeibesuch" habe in der Nachbarschaft nicht nur für großes Aufsehen gesorgt. Noch viel schlimmer sei, dass er seitdem als „Terrorist" beschimpft werde. Weil er sich das nicht länger bieten lassen will, erhebt er Klage vor dem Verwaltungsgericht, um die Rechtswidrigkeit der Durchsuchung feststellen zu lassen. Ist dies zulässig?

Ganz überwiegend wird im Interesse des Ausschlusses von Popularklagen § 42 II VwGO analog auf die allgemeine Feststellungsklage angewendet; der Kläger muss also klagebefugt sein.

§ 43 I VwGO verlangt zudem ein „berechtigtes" Interesse an der Feststellung des Rechtsverhältnisses. Damit ist ein besonderes, über das allgemeine Rechtsschutzbedürfnis hinausgehendes Interesse an der Verfolgung des Klagebegehrens gemeint. Nach den von der Rechtsprechung hierzu entwickelten und anerkannten Fallgruppen wird ein solches besonderes Feststellungsinteresse angenommen, wenn der Kläger schutzwürdige Interessen rechtlicher (Wiederholungsgefahr), wirtschaftlicher (Vorbereitung eines Schadenersatzprozesses) oder ideeller (Rehabilitationsinteresse) Art geltend machen kann. Als schutzwürdig wird das Interesse dabei angesehen, wenn es nach vernünftigen Erwägungen auf Grundlage des Einzelfalles hinreichend gewichtig ist.

Für das Begehren des A in Fall 59, die Rechtswidrigkeit der Durchsuchung (=Realakt) festzustellen, kommt nur die allgemeine Feststellungsklage in Frage. Dass das strittige Rechtsverhältnis zwischen A und der Polizeibehörde mit dem Abschluss der Durchsuchung zugleich auch beendet war, steht dem nicht entgegen: Auch vergangene Rechtsverhältnisse können Gegenstand der allgemeinen Feststellungsklage sein, sofern der Kläger ein besonderes Interesse an ihrer Feststellung geltend machen kann.

A hat auch ein Feststellungsinteresse in Form eines Rehabilitationsinteresses: Da A seit dem „Polizeibesuch" als „Terrorist" beschimpft wird, entfaltet die Durchsuchung erkennbar auch gegenwärtig noch ihre Wirkung, wodurch A in seinem Persönlichkeitsrecht beeinträchtigt ist. Die begehrte Feststellung ist daher geeignet, seinen Ruf in der Nachbarschaft zu rehabilitieren und die Behauptung, er sei ein Terrorist, zu entkräften.

Leitsatz 7

Berechtigtes Feststellungsinteresse

§ 43 I VwGO verlangt ein „berechtigtes" Interesse an der Feststellung des Rechtsverhältnisses. Als berechtigtes Interesse gilt dabei jedes schutzwürdige Interesse

1. **rechtlicher** Art: Wiederholungsgefahr
2. **wirtschaftlicher** Art: Vorbereitung eines Schadenersatzprozesses
3. **ideeller** Art: Rehabilitationsinteresse

Begründetheit der Allgemeinen Feststellungsklage

Art und Umfang der Begründetheitsprüfung der allgemeinen Feststellungsklage richten sich nach dem Begehren des Klägers: Die allgemeine Feststellungsklage ist demnach begründet, wenn nach dem materiellen Recht das strittige Rechtsverhältnis tatsächlich besteht (positive Feststellungsklage), tatsächlich nicht besteht (negative Feststellungsklage) oder der Verwaltungsakt tatsächlich nichtig ist (Nichtigkeitsfeststellungsklage).

Positive und negative Feststellungsklage

Fall 60
Dem neuen Trend zu alkoholfreien Getränken folgend verkauft A in seiner Gaststätte nur noch alkoholfreie Cocktails und Drinks ohne Alkohol. Als er an seiner Bar zufällig mit einem Mitarbeiter der zuständigen Gewerbeaufsichtsbehörde ins Gespräch kommt, teilt dieser ihm mit, dass er den Getränkeverkauf des A für genehmigungspflichtig halte und A innerhalb von zwei Woche eine Genehmigung vorweisen müsse. Sofort beantragt A daraufhin vor dem Verwaltungsgericht festzustellen, dass sein Verkauf von alkoholfreien Getränken genehmigungsfrei sei. Begründet?

Im Rahmen der positiven und negativen Feststellungsklage ist zu prüfen, ob das strittige Rechtsverhältnis wirksam begründet wurde und noch weiterhin besteht oder von vornherein nicht bestanden hat. Regelmäßig sind hierbei die Tatbestandsvoraussetzungen der entsprechenden Norm zu prüfen. Wird etwa die Feststellung der Genehmigungsfreiheit begehrt, so ist zu prüfen, ob das Verhalten des Klägers nicht unter einem Genehmigungstatbestand subsumiert werden kann und damit eine Genehmigungspflicht (= Rechtsverhältnis) begründet.

Im Fall 60 ist die negative Feststellungsklage des A begründet: Nach § 2 I GastG erfordert der Betrieb einer Gaststätte zwar grundsätzlich eine Genehmigung. Einer Genehmigung bedarf nach § 2 II Nr. 2 GastG aber nicht, wer in seiner Gaststätte lediglich alkoholfreie Getränke verabreicht. Da somit der Getränkeverkauf des A nicht genehmigungspflichtig ist, wird hierdurch auch kein Rechtsverhältnis zwischen A und der Gewerbeaufsichtsbehörde begründet.

Nichtigkeitsfeststellungsklage

Fall 61
A, großer Fan von Bus & Bahn und nicht im Besitz eines Führerscheins, erhält überraschende Post: Die Fahrerlaubnisbehörde teilt per Bescheid mit, dass dem A die Fahrerlaubnis entzogen werde, und setzt hierfür eine

stattliche Gebühr fest. A will die Nichtigkeit des Bescheids gerichtlich feststellen lassen; wäre eine entsprechende Klage begründet?

Bei der Nichtigkeitsfeststellungsklage ist zunächst das objektive Vorliegen eines Verwaltungsaktes darzulegen (nur auf die problematischen Begriffsmerkmale des § 35 VwVfG muss näher eingegangen werden) und anschließend seine Nichtigkeit zu prüfen. Die Nichtigkeitsprüfung erfolgt dabei – sofern keine Spezialvorschriften bestehen – am Maßstab des § 44 VwVfG:

Übersicht 19: Nichtigkeit gemäß § 44 VwVfG

1. **Absolute** Nichtigkeit gemäß § 44 II VwVfG

    Nr. 1 : Fehlende Behördenerkennbarkeit
    Nr. 2 : Unterbleiben vorgeschriebener Urkundenaushändigung
    Nr. 3 : Mängel der örtlichen Zuständigkeit
    Nr. 4 : Tatsächliche Unmöglichkeit
    Nr. 5 : Verlangen strafbarer Handlung
    Nr. 6 : Verstoß gegen gute Sitten

2. **Relative** Nichtigkeit gemäß § 44 I VwVfG

    Offenkundiger, besonders schwerwiegender Fehler

Kommen Sie danach zu dem Ergebnis, dass der Verwaltungsakt nichtig ist, ist die Feststellungsklage begründet.

In Fall 61 leidet die Entziehung der Fahrerlaubnis des A an einem offenkundigen, besonders schwerwiegenden Fehler im Sinne des § 44 I VwVfG: Die Nichtigkeitsfeststellungsklage des A ist begründet.

Die Prüfung der allgemeinen Feststellungsklage stellt abschließend Prüfschema 7 dar.

Prüfschema 7: Allgemeinen Feststellungsklage

A) Zulässigkeit

I. **Eröffnung** des Verwaltungsrechtswegs

II. **Statthafte** Klageart

1. konkretes Rechtsverhältnis : auch „Drittrechtsverhältnisse"
2. Antrag auf Feststellung
   a) des Bestehens dieses Rechtsverhältnisses
   b) des Nicht-Bestehens dieses Rechtsverhältnisses
   c) der Nichtigkeit eines Verwaltungsakts
3. Subsidiaritätsgrundsatz:
   a) nicht bei Nichtigkeitsfeststellungsklage
   b) auch im Verhältnis zur allgemeinen Leistungsklage?

III. **Klagebefugnis** § 42 II VwGO analog

IV. **Feststellungsinteresse**

1. rechtlich (Wiederholungsgefahr)
2. wirtschaftlich (Vorbereitung eines Schadenersatzprozesses)
3. ideell (Rehabilitationsinteresse)

IV. Allgemeine **Sachentscheidungsvoraussetzungen**

B) Begründetheit: Die Klage ist begründet, wenn

I. strittiges Rechtsverhältnis **besteht**

II. strittiges Rechtsverhältnis **nicht besteht** bzw.

III. der Verwaltungsakt **nichtig** ist

Lektion 8: Fortsetzungsfeststellungsklage

▬▬▬ Fall 62

A erhält eine Abrissverfügung für seinen Strandbungalow. Nach erfolgloser Durchführung eines Widerspruchsverfahrens erhebt A Anfechtungsklage. Der Bungalow brennt jedoch während des Prozesses vollständig ab. A beabsichtigt, an derselben Stelle erneut einen Bungalow zu errichten und befürchtet, eine neuerliche Beseitigungsverfügung zu erhalten. Kann er den Prozess fortführen?

Nach § 113 I 4 VwGO kann das Gericht auf Antrag die Rechtswidrigkeit eines erledigten Verwaltungsakts feststellen. Der für die so genannte Fortsetzungsfeststellungsklage zentrale Begriff ist derjenige der Erledigung. Aufgrund der Erledigung des Verwaltungsakts nämlich kann das Rechtsschutzbegehren des Klägers nicht mehr erfolgreich mit der Anfechtungsklage fortgeführt werden: Verliert ein Verwaltungsakt seine Rechtswirkungen, besteht an einer gerichtlichen Aufhebung desselben kein rechtsschutzwürdiges Interesse mehr; eine Anfechtungsklage wäre aufgrund fehlenden allgemeinen Rechtsschutzbedürfnisses unzulässig.

Wie sonst auch richtet sich die Statthaftigkeit der Fortsetzungsfeststellungsklage nach ihrem Ziel und Gegenstand: Bei ihr geht es dem Kläger also um die Feststellung der Rechtswidrigkeit (Klageziel) eines erledigten Verwaltungsakts (Klaggegenstand). Wann aber erledigt sich ein Verwaltungsakt eigentlich?

Erledigung tritt ein bei einem Wegfall der rechtlichen Beschwer des Verwaltungsakts, d.h. wenn der Verwaltungsakt keine Rechtswirkungen mehr entfaltet. In § 43 II VwVfG werden drei Fallgruppen einer Erledigung aufgezählt:

▶ Rücknahme/Widerruf/anderweitige Aufhebung: Der Regelungsgehalt eines Verwaltungsakts entfällt zum einen bei Rücknahme, Widerruf oder anderweitiger Aufhebung. Nimmt also eine Behörde bspw. den von ihr als rechtswidrig erkannten Verwaltungsakt zurück oder hebt die Widerspruchsbehörde auf einen Widerspruch hin die angegriffene Verfügung auf, so tritt Erledigung ein.

▶ **Zeitablauf:** Als weiteren Fall der Erledigung gibt § 43 II VwVfG beispielhaft den Zeitablauf vor. Erledigung tritt also etwa bei einer befristeten Straßensperre nach deren Beseitigung ein.

▶ **Erledigung auf andere Weise:** „Auf andere Weise" kann sich ein Verwaltungsakt z.B. erledigen, wenn das Regelungsobjekt wegfällt, etwa das Gebäude abbrennt, dessen Abriss verfügt wurde, oder die Gastwirtschaft aufgegeben wird, für die die Erlaubnis entzogen wurde. Auch der Tod des Berechtigten führt bei höchstpersönlichen Rechten zur Erledigung des Verwaltungsakts: Der Bewilligungsbescheid für Wohngeld etwa erledigt sich durch den Tod des Wohngeldberechtigten.

In Fall 62 ist durch den Brand des Strandbungalows das Regelungsobjekt der Abrissverfügung weggefallen, der Verwaltungsakt entfaltet keine Rechtswirkungen mehr: Er hat sich erledigt. Seine Aufhebung mit der Anfechtungsklage wäre sinnlos. Für eine Anfechtungsklage fehlte es damit am Rechtsschutzbedürfnis; sie wäre unzulässig. Da A jedoch ein besonderes Interesse an der Feststellung der Rechtswidrigkeit der Abrissverfügung hat, weil er an derselben Stelle erneut einen entsprechenden Bungalow zu errichten beabsichtigt, kann er die vor dem Brand erhobene Anfechtungsklage auf eine Fortsetzungsfeststellungsklage umstellen. Das Gericht kann dann die Rechtswidrigkeit des erledigten Verwaltungsakts feststellen, eine weitere behördliche Abrissverfügung gegen den neuen Bungalow wäre in diesem Fall nicht zu erwarten.

Fall 63
Polizist P stellt bei Drogendealer D eine Waffe sicher und nimmt sie mit auf die Wache; D meint, dies könne nicht rechtens sein. Bürger B zahlt auf einen Abgabenbescheid, obwohl er ihn für rechtswidrig hält. Haben sich die beiden Verwaltungsakte Sicherstellung und Abgabenbescheid durch ihre Vollziehung (Inverwahrungnahme, Zahlung) erledigt?

Auch wenn man auf den ersten Blick meinen könnte, dass die Vollziehung einer Verfügung zu deren Erledigung führte, verhält sich dies nur ausnahmsweise so: In der Regel nämlich bleibt der Verwaltungsakt Rechtsgrund für die Vollziehung. Aus § 113 I 2 VwGO lässt sich ablesen, dass das Gesetz in diesen Fällen trotz der Vollziehung des Verwaltungsakts ein Bedürfnis für dessen Aufhebung erkennt. Es ist dann folglich nicht Fortsetzungsfeststellungsklage, sondern Anfechtungsklage zu erheben. Der Verwaltungsakt hat sich ja nicht erledigt, er entfaltet vielmehr weiterhin Rechtswirkungen – eben als Rechtsgrund für den Vollzug. Bei Aufhebung des Verwaltungsakts auf die Anfechtungsklage hin kann mit einem Antrag nach § 113 I 2 VwGO zugleich die Rückgängigmachung der Vollziehung verlangt werden (also etwa die Rückgabe einer Waffe nach Aufhebung der Sicherstellungsverfügung).

Nur ausnahmsweise führt eine Vollziehung zur Erledigung des Verwaltungsakts, nämlich wenn sich seine Rechtswirkungen mit der Vollziehung völlig erschöpfen und eine Rückgängigmachung nicht mehr möglich ist. Ergeht bei einer Großdemonstration etwa eine behördliche Versammlungsauflösungsverfügung und treibt die Polizei daraufhin die Demonstranten auseinander, so hat sich die Auflösungsverfügung erledigt. Die Rechtswirkungen haben sich mit der Vollziehung vollständig erschöpft.

Zurück zu Fall 63: Dort stellt die Sicherstellungsverfügung des P den Rechtsgrund für die weitere polizeiliche Verwahrung der Waffe dar. Der gegenüber B ergangene Abgabenbescheid der Rechtsgrund bleibt für die erfolgte Zahlung. In beiden Fällen hat sich der Verwaltungsakt nicht erledigt. Statthafte Klageart wäre also nicht die Fortsetzungsfeststellungs-, sondern die Anfechtungsklage.

Übersicht 20: Erledigung des Verwaltungsakts

Ein Verwaltungsakt kann sich auf verschiene Arten erledigen, wie sich § 43 VwVfG entnehmen lässt:

▶ **Rücknahme/Widerruf/anderweitige Aufhebung**: etwa wenn die Behörde die Rechtswidrigkeit eines Verwaltungsakts erkennt und ihn von selbst zurücknimmt.

▶ **Zeitablauf**: z.B. bei einer befristeten Straßensperre nach deren Beseitigung.

▶ **Erledigung auf andere Weise**: z.B. durch Wegfall des Regelungsobjekts (etwa Abbrennen des Gebäudes, dessen Abriss verfügt wurde) oder Tod des Berechtigten bei höchstpersönlichen Rechten (etwa beim Tod des Wohngeldberechtigten).

Bei **Vollziehung eines Verwaltungsakts** tritt Erledigung dagegen nur ausnahmsweise ein, nämlich wenn sich dessen Rechtswirkungen mit dem Vollzug völlig erschöpfen und eine Rückgängigmachung nicht mehr möglich ist. Ansonsten bleibt der Verwaltungsakt auch nach dem Vollzug noch Rechtsgrund für denselben.

Fall 64

Die Aufsichtsbehörde erlässt eine Schließungsverfügung für die Gaststätte des G. G geht dagegen mit Widerspruch und Anfechtungsklage vor. Im Laufe des Prozesses entschließt sich G jedoch aus gesundheitlichen Gründen, den Betrieb der Gaststätte ohnehin aufzugeben. Wäre eine Fortführung der Klage als Fortsetzungsfeststellungsklage zulässig?

Die Fortsetzungsfeststellungsklage kommt als statthafte Klageart in verschiedenen Fallkonstellationen in Betracht. Die Vorschrift des § 113 I 4 VwGO bezieht sich direkt nur auf den Fall der Erledigung eines Verwaltungsakts nach Erhebung einer Anfechtungsklage.

Dies ergibt sich aus der systematischen Stellung des § 113 I 4 im 10. Abschnitt der VwGO: „Urteile und andere Entscheidungen". Das Wort „vorher" in § 113 I 4 bezieht sich nicht etwa auf die Klagerhebung, sondern die abschließende gerichtliche Entscheidung, in der Regel also das Urteil. Dass es sich um die Erledigung eines Verwaltungsakts nach Erhebung einer Anfechtungsklage handeln muss, lässt sich wiederum aus dem Standort des § 113 I 4 VwGO im Rahmen des § 113 VwGO entnehmen: § 113 I 1 VwGO behandelt ja gerade die Anfechtungsklage.

In Fall 64 wäre die Fortsetzungsfeststellungsklage also direkt nach § 113 I 4 VwGO statthaft: Nach Erhebung der Anfechtungsklage hat sich die Schließungsverfügung durch die Betriebsaufgabe des G erledigt. G kann die zuvor erhobene Anfechtungsklage auf eine Fortsetzungsfeststellungsklage umstellen.

Fall 65

S erhält eine Nutzungsuntersagung für seinen Kiosk, da dieser baufällig sei. Noch bevor er seine Wut in Worte fassen kann, lässt ein laues Lüftchen den Kiosk einstürzen. Wäre die Erhebung einer Fortsetzungsfeststellungsklage mit dem Ziel, die Rechtswidrigkeit der Nutzungsuntersagung feststellen zu lassen, hier zulässig?

Über den Wortlaut des § 113 I 4 VwGO hinaus ist eine Fortsetzungsfeststellungsklage nach herrschender Meinung gemäß § 113 I 4 VwGO in analoger Anwendung auch bei Erledigung eines Verwaltungsakts vor Erhebung einer Anfechtungsklage statthaft. Die Voraussetzungen für eine Analogie – planwidrige Gesetzeslücke und vergleichbare Interessenlage – liegen nämlich vor.

Eine planwidrige Regelungslücke besteht, da keine andere Klageart dem Anspruch des Klägers auf effektiven Rechtsschutz angemessen Rechnung trägt: Ließe man in diesen Fällen eine allgemeine Feststellungsklage zu, würden die besonderen Zulässigkeitsvoraussetzungen der Anfechtungsklage umgangen. Zudem begründet ein Verwaltungsakt zwar ein Rechtsverhältnis, stellt aber selbst kein feststellungsfähiges Rechtsverhältnis dar. Auch eine vergleichbare Interessenlage ist gegeben, da der zufällige Zeitpunkt der Erledigung nicht über die Art des Rechtsschutzes entscheiden kann.

In Fall 65 kann S demnach gemäß § 113 I 4 VwGO analog Fortsetzungsfeststellungsklage erheben, auch wenn sich die Nutzungsuntersagung bereits erledigt hatte, bevor er Anfechtungsklage gegen diese erhob.

Fall 66

Schausteller A bewirbt sich für ein Volksfest, wird aber abgelehnt. Er erhebt nach Durchführung des Vorverfahrens Verpflichtungsklage auf Zulassung. Während des Prozesses findet das Volksfest statt. Kann er seine Klage auf eine Fortsetzungsfeststellungsklage umstellen?

Erledigen können sich auch Verpflichtungsbegehren. Auf erledigte Verpflichtungsbegehren ist nach allgemeiner Ansicht ebenfalls § 113 I 4 VwGO analog anzuwenden: Eine planwidrige Regelungslücke liegt vor, da der Erlass des begehrten Verwaltungsakts aufgrund der Erledigung gegenstandslos geworden, eine gerichtliche Klärung der Rechtswidrigkeit der Ablehnung bzw. Unterlassung ansonsten jedoch nicht möglich ist. Auch eine vergleichbare Interessenlage besteht: Ein Interesse an der Überprüfung der Rechtmäßigkeit eines erledigten Verwaltungsakts kann ebenso wie in Anfechtungs- in Verpflichtungssituationen bestehen. Hat sich der Verwaltungsakt nach Erhebung einer Verpflichtungsklage also erledigt, kann diese in analoger Anwendung als Fortsetzungsfeststellungsklage fortgeführt werden.

Sozusagen doppelt analog wird § 113 I 4 VwGO angewendet, wenn sich der Verwaltungsakt vor Erhebung einer Verpflichtungsklage erledigt: Aufgrund der bereits bei der Erledigung vor Erhebung einer Anfechtungsklage dargestellten Grundsätze muss eine Fortsetzungsfeststellungsklage auch in diesen Fällen möglich sein.

S aus **Fall 66** kann seine Verpflichtungsklage auf Zulassung zum Volksfest also gemäß § 113 I 4 VwGO auf eine Fortsetzungsfeststellungsklage umstellen. Ein entsprechendes rechtliches Interesse bestünde etwa, wenn er auch zum nächsten Volksfest zugelassen werden will und insofern wiederum eine Ablehnung droht.

> ### Übersicht 21: Varianten der Fortsetzungsfeststellungsklage
>
> Die Fortsetzungsfeststellungsklage kommt als statthafte Klageart in verschiedenen Fallkonstellationen in Betracht:
>
> **Grundfall** des § 113 I 4 VwGO:
>
> ▶ Erledigung eines Verwaltungsakts
>   **nach** Erhebung einer **Anfechtungsklage**
>
> **Entsprechende Anwendung** des § 113 I 4 VwGO:
>
> ▶ Erledigung eines VA
>   **vor** Erhebung einer **Anfechtungsklage**
>
> ▶ Erledigung eines VA
>   **nach** Erhebung einer **Verpflichtungsklage**
>
> ▶ Erledigung eines VA
>   **vor** Erhebung einer **Verpflichtungsklage** („doppelt analog")

Fortsetzungsfeststellungsinteresse

Fall 67

S möchte ein Sicherheitsgewerbe ganz groß aufziehen; er beantragt eine entsprechende Erlaubnis. Die zuständige Behörde erlässt jedoch einen Ablehnungsbescheid: S weise nicht die entsprechende Eignung auf. Die Widerspruchsbehörde ist derselben Ansicht. S erhebt Verpflichtungsklage. Noch während der Prozess andauert, ändert sich die behördliche Meinung überraschend: S erhält einen Erlaubnisbescheid zugestellt. S ist erfreut, doch will er für die bereits ins Land gegangene Zeit Schadensersatz wegen entgangenen Gewinns erhalten. Kann er nunmehr vor dem Verwaltungsgericht feststellen lassen, dass die Ablehnung der beantragten Erlaubnis rechtswidrig war?

Gemäß § 113 I 4 VwGO ist die Fortsetzungsfeststellungsklage nur zulässig, „wenn der Kläger ein berechtigtes Interesse an dieser Feststellung hat". Zulässigkeitsvoraussetzung dieser Klageart ist also ein besonderes „Fortsetzungsfeststellungsinteresse". Ein solches kann in jedem schutzwürdigen Interesse rechtlicher, wirtschaftlicher oder ideeller Art bestehen.

Anerkannte Fallgruppen sind:

▶ Wiederholungsgefahr: Darunter versteht man die hinreichend bestimmte Gefahr, dass unter im Wesentlichen gleichen Umständen ein gleichartiger Verwaltungsakt ergeht. Eine solche wäre bspw. gegeben, wenn ein Schausteller sich wie im vorangegangenen Fall erfolglos um eine Zulassung zum Volksfest beworben hat und sich im nächsten Jahr wieder bewerben will.

▶ Rehabilitationsinteresse: Ein Rehabilitationsinteresse kommt insbesondere bei diskriminierendem Charakter eines Verwaltungsakts in Betracht, etwa bei Anordnung einer psychiatrischen Untersuchung des Klägers.

▶ Beabsichtigter Amtshaftungs- oder Entschädigungsprozess vor den Zivilgerichten: Diese Art eines Fortsetzungsfeststellungsinteresses kommt dann infrage, wenn ein verwaltungsgerichtliches Feststellungsurteil präjudizielle Wirkung für einen Zivilprozess hat. Zum einen muss jedoch die ernsthafte Absicht bestehen, einen Zivilprozess zu führen, zum anderen darf ein solcher nicht offensichtlich aussichtslos sein. Schließlich muss die Erledigung des Verwaltungsakts nach Klagerhebung eingetreten sein, da andernfalls gleich Klage beim Zivilgericht erhoben werden könnte.

S aus Fall 67 kann demnach seine Verpflichtungsklage in eine Fortsetzungsfeststellungsklage umstellen: Er will einen Amtshaftungsprozess vor den Zivilgerichten anstrengen, ein verwaltungsgerichtliches Feststellungsurteil hätte hier präjudizielle Wirkung. Die Erledigung des Verwaltungsakts ist zudem nach Klagerhebung eingetreten.

Zum Interesse der Fortsetzungsfeststellung nun der Leitsatz 8.

Leitsatz 8

Fortsetzungsfeststellungsinteresse

Zulässigkeitsvoraussetzung einer Fortsetzungsfeststellungsklage ist ein so genanntes Fortsetzungsfeststellungsinteresse. Dieses wird definiert als „jedes schutzwürdige Interesse rechtlicher, wirtschaftlicher oder ideeller Art".

Anerkannte Fallgruppen sind:

▶ **Wiederholungsgefahr**

▶ **Rehabilitationsinteresse**

▶ **beabsichtigter Amtshaftungs- oder Entschädigungsprozess** vor den Zivilgerichten

Vorverfahren

Fall 68

L, dessen Landvilla gleich nach Erhalt einer Abrissverfügung vollkommen niedergebrannt ist, will Fortsetzungsfeststellungsklage erheben. Er fragt sich, ob er gegen die Abrissverfügung zunächst Widerspruch einlegen muss.

Wer Fortsetzungsfeststellungsklage erhebt, muss gemäß § 42 II VwGO analog klagebefugt sein. Ob auch die Durchführung eines Vorverfahrens erforderlich ist, hängt dagegen davon ab, wann sich der Verwaltungsakt erledigt hat. Geschieht dies erst nach Erhebung einer Anfechtungs- oder Verpflichtungsklage, muss das Vorverfahren durchgeführt sein:

▶ Eine ursprünglich unzulässige Klage nämlich kann durch Erledigung des Verwaltungsakts nicht als Fortsetzungsfeststellungsklage zulässig werden.

Bei Erledigung des Verwaltungsakts vor Klagerhebung ist der herrschenden Meinung zufolge ein Widerspruchsverfahren nicht erforderlich:

▶ § 68 VwGO fordere ein Vorverfahren nämlich zum einen nur für die Anfechtungs- oder Verpflichtungsklage. Die Fortsetzungsfeststellungsklage sei ihrer Systematik nach zudem eine Feststellungsklage, für die ein Vorverfahren aber gerade nicht vorgeschrieben sei. Schließlich sei der Hauptzweck des Widerspruchsverfahrens – Aufhebung eines Verwaltungsakts – nicht mehr erreichbar.

In Fall 68 kann L sich also gleich gerichtlich gegen die Abrissverfügung wehren: Bei Erledigung des Verwaltungsakts vor Klagerhebung ist die Durchführung eines Widerspruchsverfahrens wie gerade dargelegt nicht erforderlich.

Begründetheit der Fortsetzungsfeststellungsklage

Die Begründetheit der Fortsetzungsfeststellungsklage richtet sich danach, ob ihr ein Anfechtungs- oder Verpflichtungsbegehren des Klägers zugrunde liegt:

Die „Anfechtungs"-Fortsetzungsfeststellungsklage ist begründet, wenn der angegriffene Verwaltungsakt rechtswidrig war und der Kläger dadurch in seinen Rechten verletzt wurde. Wie bei der Anfechtungsklage sind also die Rechtmäßigkeit des Verwaltungsakts und Rechtsverletzung des Klägers zu prüfen.

Die „Verpflichtungs"-Fortsetzungsfeststellungsklage ist begründet, wenn die Ablehnung bzw. Unterlassung des Verwaltungsakts rechtswidrig war und der Kläger dadurch in seinen Rechten verletzt wurde, d.h. wenn der Kläger Anspruch auf den begehrten Verwaltungsakt hatte. Wie bei der Verpflichtungsklage ist hier also zu prüfen, ob eine Anspruchsgrundlage gegeben ist und deren formelle wie materielle Voraussetzungen vorliegen.

Zur Zulässigkeit und Begründetheit der Fortsetzungsfeststellungsklage nun das umfassende Prüfschema 8.

Prüfschema 8: Fortsetzungsfeststellungsklage

A) Zulässigkeit der Fortsetzungsfeststellungsklage

I. Verwaltungsrechtsweg

II. Statthaftigkeit der Fortsetzungsfeststellungsklage

1. Grundfall des § 113 I 4 VwGO: Erledigung eines Verwaltungsakts **nach** Erhebung einer **Anfechtungsklage**

2. entsprechende Anwendung des § 113 I 4 VwGO bei:
   - Erledigung eines Verwaltungsakts **vor** Erhebung einer **Anfechtungsklage**
   - Erledigung eines Verwaltungsakts **nach/vor** Erhebung einer **Verpflichtungsklage**

III. Besondere Sachentscheidungsvoraussetzungen

1. Fortsetzungsfeststellungsinteresse, § 113 I 4 VwGO
   - Wiederholungsgefahr
   - Rehabilitationsinteresse
   - beabsichtigter Amtshaftungs- oder Entschädigungsprozess

2. Klagebefugnis, § 42 II VwGO analog

3. Vorverfahren, § 68 VwGO: bei Erledigung vor Klagerhebung nicht erforderlich

4. Klagfrist, § 74 VwGO

IV. Allgemeine Sachentscheidungsvoraussetzungen

B) Begründetheit der Fortsetzungsfeststellungsklage

- **„Anfechtungs"**-Fortsetzungsfeststellungsklage: wenn der angegriffene Verwaltungsakt rechtswidrig war und der Kläger in seinen Rechten verletzt wurde

- **„Verpflichtungs"**-Fortsetzungsfeststellungsklage: wenn Anspruch auf den begehrten Verwaltungsakt bestand

Lektion 9: Verwaltungsgerichtliche Normenkontrolle

Die verwaltungsgerichtliche Normenkontrolle ist in § 47 VwGO geregelt. Dass es sich hierbei um keine Klageart handelt, können Sie bereits mit einem Blick auf die Überschrift und den Gesetzestext in § 47 VwGO erahnen: Dort ist nicht etwa von einer „Normenkontrollklage", sondern nur von einem „Antrag" und einer „Normenkontrolle" die Rede. Dementsprechend gibt es auch keinen „Kläger", sondern einen „Antragsteller", und der „richtige Beklagte" heißt hier „Antragsgegner". Der Hauptunterschied zu den Klagearten ist jedoch inhaltlicher Natur: Während die bisher behandelten Klagearten stets gegen behördliche Einzelakte gerichtet waren, sind Gegenstand der verwaltungsgerichtlichen Normenkontrolle Satzungen und andere abstrakt-generelle Regelungen.

Einen ersten Überblick über die Zulässigkeitsvoraussetzungen der verwaltungsgerichtlichen Normenkontrolle bietet die Übersicht 22; ein abschließendes Prüfungsschema findet sich am Ende der Lektion.

Übersicht 22: Zulässigkeit der Normenkontrolle

Die Zulässigkeitsvoraussetzungen der verwaltungsgerichtlichen Normenkontrolle:

I. **Verwaltungsrechtsweg**

II. **Statthaftigkeit** des Antrags, § 47 I VwGO

III. **Antragsbefugnis**, § 47 II VwGO

IV. **Antragsfrist**, § 47 II 1 VwGO: 1 Jahr

V. **Antragsgegner**, § 47 II 2 VwGO: Rechtsträger der Erlassbehörde

VI. **Allgemeine** Sachentscheidungsvoraussetzungen

Dazu nun im Einzelnen.

Anwendungsbereich

■ Fall 69

Die Stadt K, bisher als eine der letzten hundesteuerfreien Zonen des Landes bekannt, hat eine Hundesteuersatzung erlassen. IT-Girl G ist daher empört, als sie kurz darauf vom Hundesteueramt wegen ihres Schoßhündchens – einem Chihuahua – einen Steuerbescheid erhält: Ihr kleiner Taschenhund, der sich sowieso kaum selbst bewege, könne doch nicht mit einem herkömmlichen Hund gleichgesetzt werden. Unter Berufung auf Art. 3 I GG will sie daher einen Normenkontrollantrag nach § 47 VwGO gegen die Satzung stellen. Oder soll sie doch erst den Steuerbescheid anfechten? Worin besteht der Unterschied?

Mit der verwaltungsgerichtlichen Normenkontrolle kann geltend gemacht werden, dass eine Rechtsvorschrift unterhalb des Ranges eines Landesgesetzes (Rechtsverordnung, Satzung) wegen Verstoßes gegen höherrangiges Recht unwirksam ist. Für das Verständnis des Normenkontrollverfahrens ist die Unterscheidung zwischen prinzipaler und inzidenter Normenkontrolle wichtig:

Während unter einer prinzipalen Normenkontrolle ein Verfahren verstanden wird, bei dem die Gültigkeit der Norm selbst Gegenstand des Verfahrens ist, wird bei einer inzidenten Normenkontrolle die Gültigkeit der Norm nur als Vorfrage für die sich anschließende Einzelfallentscheidung geprüft (inzident: lat. „nebenbei anfallend"): Die Überprüfung der Norm erfolgt also nur anlässlich eines konkreten Falles im Rahmen einer bestimmten Klageart (z.B. Anfechtungsklage). Die Prinzipalkontrolle ermöglicht dagegen – wie im Verfahren nach § 47 VwGO – eine Überprüfung der Norm losgelöst von einer behördlichen Einzelmaßnahme.

In Fall 69 hat G damit einerseits die Möglichkeit, direkt gegen die Satzung im Wege der Normenkontrolle nach § 47 VwGO vorzugehen (= prinzipale Normenkontrolle). Ihr steht jedoch auch die Möglichkeit offen, Anfechtungsklage gegen den Steuerbescheid zu erheben und auf diese Weise inzident, d.h. im Rahmen der Anfechtungsklage, eine Überprüfung der Satzung zu bewirken (= inzidente Normenkontrolle).

Statthaftigkeit des Antrags

▬▬ Fall 70

E hat sich der ruhigen Lage wegen ein Grundstück in der Gemeinde G gekauft. Er ist daher wenig begeistert, als er von dem Bebauungsplan der G erfährt, der ein benachbartes Grundstück als gemeindlichen Sportplatz ausweist. Hinzu kommt, dass im Flächennutzungsplan der G ausgerechnet eine Autobahn als überörtliche Verkehrsfläche dargestellt ist: So hat sich E das ruhige Leben auf dem Land nicht vorgestellt! Kann er gegen beide Pläne im Wege des Normenkontrollverfahrens vorgehen?

Die Statthaftigkeit des Normenkontrollantrags richtet sich nach § 47 I VwGO. Danach können Gegenstand eines Normenkontrollverfahrens sein:

▶ § 47 I Nr. 1 VwGO: Satzungen, die nach den Vorschriften des BauGB erlassen worden sind

▶ § 47 I Nr. 2 VwGO: Andere im Rang unter dem Landesgesetz stehende Rechtsvorschriften, sofern das Landesrecht dies bestimmt

Ein Beispiel für § 47 I Nr. 2 VwGO wäre die Hundesteuersatzung aus dem vorhergehenden Fall. Beachten Sie, dass die Bundesländer Berlin, Hamburg und Nordrhein-Westfalen von der Ermächtigung des § 47 I Nr. 2 VwGO in ihren Landesausführungsgetzen keinen Gebrauch gemacht haben. Das bedeutet, dass in diesen drei Bundesländern eine verwaltungsgerichtliche Normenkontrolle untergesetzlicher Vorschriften nicht gegeben ist: Hier kommt nur eine Verfassungsbeschwerde vor dem Bundesverfassungsgericht sowie gegebenenfalls vor dem Landesverfassungsgericht in Betracht.

Zur Lösung von Fall 70 benötigen sie außer einem kurzen Blick in § 1 und § 10 BauGB (Sartorius Nr. 300) keinerlei Wissen zum Baurecht: nach § 10 I BauGB wird der Bebauungsplan als Satzung von der Gemeinde beschlossen. E kann demnach einen Normenkontrollantrag nach § 47 I Nr. 1 VwGO stellen.

Anders sieht es dagegen mit dem Flächennutzungsplan aus: wie Sie § 1 II BauGB entnehmen können, handelt es sich beim Flächennutzungsplan zwar auch um einen Bauleitplan, der aber im Gegensatz zum Bebauungsplan nicht verbindlich, sondern nur vorbereitend ist. Als lediglich vorbereitender Bauleitplan entfaltet er damit keine unmittelbare rechtliche Wirkung gegenüber dem Bürger, so dass er mangels Außenwirkung auch keine Rechtsnorm darstellt, die mittels eines Normenkontrollantrags angegriffen werden könnte.

Antragsbefugnis

Fall 71
Die Naturschutzbehörde N der Stadt K will gegen eine Rechtsverordnung vorgehen, die auf der Grundlage des Landesnaturschutzgesetzes ergangen ist. Ist sie antragsbefugt?

Nach § 47 II 1 VwGO ist eine natürliche oder juristische Person antragsbefugt, wenn sie geltend machen kann, durch die angegriffene Norm in ihren Rechten verletzt zu sein oder in absehbarer Zeit verletzt zu werden. Dass Erfordernis der Antragbefugnis verdeutlicht, dass das Normenkontrollverfahren nicht nur objektive Rechtskontrolle, sondern auch ein (subjektives) Rechtsschutzverfahren ist. Das macht es für Sie insofern leichter, als Sie nun wieder in gewohntes Terrain kommen: Die inhaltlichen Voraussetzungen der Antragsbefugnis sind nämlich weitestgehend identisch mit denen der Klagebefugnis i.S.d. § 42 II VwGO. Der Antragsteller ist daher antragsbefugt, wenn die Möglichkeit besteht, dass er durch die angegriffene Norm oder einem auf ihr beruhenden Vollzugsakt in seinen Rechten verletzt ist.

Eine Besonderheit besteht allerdings: Sofern der Antragsteller eine Behörde ist, die mit der Ausführung der Norm befasst ist, bedarf es nach § 47 II 1 2. Halbsatz VwGO keiner Rechtsverletzung. N aus Fall 71 ist demnach antragsbefugt, ohne die Verletzung subjektiver Rechte geltend machen zu müssen.

Antragsfrist

Fall 72
Noch mal zu Fall 69: Wie würde sich die Rechtslage darstellen, wenn G sich zwei Jahre nach Erlass der städtischen Hundesteuersatzung das Schoßhündchen zugelegt hätte?

Nach § 47 II VwGO ist der Antrag auf Normenkontrolle innerhalb eines Jahres nach Bekanntmachung der Rechtsvorschrift zu stellen. Demnach wäre ein Normenkontrollverfahren zwei Jahre nach Erlass der Hundesteuersatzung nicht mehr zulässig. Doch denken Sie kurz zurück an den Beginn der Lektion: Wenn G einen Steuerbescheid erhielte, könnte sie gegen diesen (nach Durchführung eines Vorverfahrens) mit der Anfechtungsklage vorgehen. Die abgelaufene Antragsfrist berührt die Klagefrist des § 74 VwGO nicht. Eine Umgehung der Antragsfrist wird darin nicht gesehen, da es gerade die Funktion des Normenkontrollverfahrens sei, die Rechtsschutzmöglichkeiten des Antragstellers zu erweitern und nicht einzuschränken.

Antragsgegner

Fall 73

Wer ist der Antragsgegner der G aus dem vorhergehenden Fall im Normenkontrollverfahren?

Werfen Sie einen Blick in § 47 II 2 VwGO: Danach ist der Antrag gegen diejenige Körperschaft, Anstalt oder Stiftung zu richten, die die Rechtsvorschrift erlassen hat. Im Normenkontrollverfahren gilt somit das Rechtsträgerprinzip. G muss ihren Normenkontrollantrag folglich an den Rechtsträger der Erlassbehörde richten: Das ist vorliegend die Stadt K.

Begründetheit

Ein Normenkontrollantrag ist begründet, wenn die angegriffene Norm wegen Verstoßes gegen höherrangiges (Verfassungs-)Recht unwirksam ist. Vorbehaltlich des § 47 III VwGO ist die Norm auf ihre Vereinbarkeit mit dem gesamten höherrangigen Recht zu überprüfen, also mit Bundes- und Landesverfassungsrecht. Für die Verordnung (z.B. Polizeiverordnung, Geschäftsordnung eines kommunalen Vertretungsorgans) oder die Satzung (z.B. Bebauungsplan, Satzung aus dem Kommunalabgabenrecht) muss eine gesetzliche Ermächtigungsgrundlage bestehen, die selbst mit höherrangigem Recht vereinbar ist. Danach ist zu prüfen, ob die angegriffene Norm formell (Zuständigkeit, Verfahren, Form) und materiell rechtmäßig ist.

Eine subjektive Rechtsverletzung des Antragsstellers ist für eine Begründetheit des Normenkontrollantrags nicht erforderlich. Die Prüfung subjektiver Rechte beschränkt sich vielmehr nur auf die Möglichkeit ihrer Verletzung im Rahmen der Klagebefugnis. Dass der Antragssteller auch tatsächlich in seinen Rechten verletzt ist, ist dagegen im Unterschied zu den bisher behandelten Klagearten nicht notwendig. Dies ergibt sich daraus, dass es sich bei der Normenkontrolle primär um ein „objektives Beanstandungsverfahren" handelt, im Vordergrund als die Überprüfung der Norm unter jedem rechtlichen Gesichtspunkt steht. Der Antragsbefugnis kommt im Rahmen des Normenkontrollverfahrens nur die Funktion der Verhinderung von Popularklagen zu.

Zusammengefasst ergibt sich folgendes Prüfschema für die verwaltungsgerichtliche Normenkontrolle nach § 47 VwGO:

Prüfschema 9: Verwaltungsgerichtliche Normenkontrolle

A) Zulässigkeit des Antrags, § 47 VwGO

I. Verwaltungsrechtsweg

II. Statthaftigkeit des Antrags, § 47 I VwGO

III. Antragsbefugnis, § 47 II VwGO

IV. Antragsfrist, § 47 II 1 VwGO: 1 Jahr

V. Antragsgegner, § 47 II 2 VwGO: Rechtsträger der Erlassbehörde

VI. Allgemeine Sachentscheidungsvoraussetzungen

B) Begründetheit des Antrags

Der Antrag ist begründet, wenn die angegriffene Norm wegen Verstoßes gegen höherrangiges Recht unwirksam ist:

I. Wirksame Rechtsgrundlage für die Norm

  1. Vorliegen einer gesetzlichen Ermächtigungsgrundlage

  2. Vereinbarkeit der Ermächtigungsgrundlage mit höherrangigem Recht

II. Formelle Rechtmäßigkeit der Norm

III. Materielle Rechtmäßigkeit der Norm

III. Vorläufiger Rechtsschutz

Lektion 10: Vorläufiger Rechtsschutz gemäß §§ 80 – 80b VwGO

Die Verfahrensdauer im Verwaltungsrecht ist oft sehr lang. Es kommt nicht selten vor, dass ein Verwaltungsprozess schon in der ersten Instanz mehrere Jahre dauert. Oftmals kann ein Betroffener daher nicht auf eine abschließende Entscheidung warten, weil unter Umständen schon durch den bloßen Zeitablauf seine Rechtsposition gefährdet ist. Erschwerend kommt hinzu, dass im Verwaltungsrecht die Besonderheit existiert, dass auch ein rechtswidriger Verwaltungsakt grundsätzlich wirksam und damit vollziehbar ist.

Um diese Nachteile abwenden zu können, garantiert Art. 19 IV GG jedermann umfassenden und effektiven Rechtsschutz gegen Akte der öffentlichen Gewalt. Da ein gerichtlicher Rechtsschutz aber nur dann effektiv ist, wenn er nicht zu spät kommt, muss dem Betroffenen auch die Möglichkeit eines rechtzeitigen vorläufigen Rechtsschutzes eingeräumt werden, um eine irreparable Beeinträchtigung seiner Rechte zu verhindern.

Der vorläufige Rechtsschutz ist in der VwGO im Wesentlichen in den §§ 80 – 80b und 123 VwGO geregelt. Wir widmen uns zunächst den §§ 80 ff VwGO (wobei die §§ 80a und b VwGO aufgrund ihrer geringen Prüfungsrelevanz keine nähere Erläuterung finden):

Aufschiebende Wirkung

Fall 74
E wird von der zuständigen Bauaufsichtsbehörde per Bescheid aufgegeben, sein Wochenendhaus abzureißen. Er befürchtet, dass die Behörde schon Bagger in Gang gesetzt hat, um die Verfügung durchzusetzen. Was kann er hiergegen tun?

§ 80 I VwGO bestimmt, dass Widerspruch und Anfechtungsklage gegen belastende Verwaltungsakte aufschiebende Wirkung haben (sog. Suspensiveffekt). Aufschiebende Wirkung bedeutet, dass der Bürger der Regelung des Verwaltungsaktes nicht Folge zu leisten braucht und die Behörde den Verwaltungsakt nicht durchsetzen darf, insbesondere auch Vollstreckungsmaßnahmen (Ersatzvornahme, Zwangsgeld, unmittelbarer Zwang) unzulässig sind. Der Verwaltungsakt bleibt wirksam, nur seine Wirkungen werden „suspendiert" (von lat. suspendere: in der Schwebe lassen). Der Bürger gelangt also durch Einlegung des Rechtsbehelfs (Widerspruch, Anfechtungsklage) zunächst wieder in die Rechtsposition zurück, die vor dem Erlass des Verwaltungsaktes bestanden hat.

In Fall 74 kann E daher innerhalb der Widerspruchsfrist des § 70 I VwGO Widerspruch einlegen und damit verhindern, dass die Bauaufsichtsbehörde zur Vollziehung ihrer Verfügung Bagger anrücken lässt.

> # Leitsatz 9
> **Aufschiebende Wirkung**
>
> Widerspruch und Anfechtungsklage kommen gemäß § 80 I VwGO aufschiebende Wirkung zu. Dies bedeutet, dass die Verwaltung ihre Verfügung **nicht vollziehen** darf.

Vorläufiger gerichtlicher Rechtsschutz

Fall 75
S, Bummelstudent im 15. Semester, wird per Gebührenbescheid der Universität mitgeteilt, dass er das für sein Studium der Rechtswissenschaften bestehende Studienguthaben von 15 Semestern aufgebraucht und daher für das nächste Semester eine Langzeitstudiengebühr in Höhe von 500 Euro zu bezahlen habe. S legt gegen den Bescheid Widerspruch ein, ist sich aufgrund seines lückenhaften Rechtswissens jedoch nicht ganz sicher: Hat dieser auch aufschiebende Wirkung?

Grundsätzlich haben Widerspruch und Anfechtungsklage gegen belastende Verwaltungsakte gemäß § 80 I VwGO aufschiebende Wirkung. Vier Ausnahmetatbestände von diesem Grundsatz sind in den Nr. 1–4 des § 80 II 1 VwGO normiert und lassen sich in zwei Kategorien einteilen: Während nach den Nr. 1–3 die aufschiebende Wirkung kraft Gesetzes entfällt, wird sie nach der Nr. 4 durch die **behördliche** Anordnung der sofortigen Vollziehung aufgehoben.

§ 80 I und § 80 II VwGO liegt damit ein recht einprägsames **Regel-Ausnahme-Verhältnis** zugrunde: Während nach der Grundregel des § 80 I VwGO das private Interesse des Antragstellers an der aufschiebenden Wirkung seines Rechtsbehelfs (Aussetzungsinteresse) Vorrang hat vor dem öffentlichen Interesse an der Vollziehung des Verwaltungsaktes (Vollziehungsinteresse), ist das Regel-Ausnahme-Verhältnis in § 80 II 1 Nr. 1 – 3 VwGO gerade umgekehrt: Grundregel ist hier der prinzipielle Vorrang des Vollziehungsinteresses, während der ausnahmsweise Vorrang des Aussetzungsinteresses der Rechtfertigung bedarf.

Der Grund für den prinzipiellen Vorrang des Vollziehungsinteresses bei § 80 II 1 Nr. 1 – 3 VwGO ist darin zu sehen, dass es sich dort um Verwaltungsmaßnahmen handelt, an deren schneller Verwirklichung typischerweise – per se – ein **besonderes öffentliches Interesse** besteht. Dies gilt z.B. dann, wenn der Staat dem Bürger in die Tasche greifen will: Nach § 80 II 1 Nr. 1 VwGO entfällt die aufschiebende Wirkung bei der Anforderung von öffentlichen Abgaben (Steuern, Gebühren und Beiträge) und Kosten (Gebühren und Auslagen, die den Beteiligten im Verwaltungs- und Widerspruchsverfahren entstehen). Ein Vorrang des Vollzugsinteresses besteht verständlicherweise außerdem bei unaufschiebbaren Anordnungen und Maßnahmen von Polizeivollzugsbeamten (§ 80 II 1 Nr. 2 VwGO) sowie in explizit geregelten Fällen (§ 80 II 1 Nr. 3 VwGO).

Nur die Nr. 4 stellt im Rahmen des § 80 II VwGO insoweit einen Sonderfall dar, als sie – wie § 80 I VwGO – wieder dem Aussetzungsinteresse dem prinzipiellen Vorrang einräumt. Die Behörde kann jedoch, wenn die aufschiebende Wirkung nicht kraft Gesetzes entfällt, ein im Einzelfall bestehendes besonderes öffentliches Interesse an einer sofortigen Vollziehung auch durch besondere Anordnung durchsetzen. Ist eine eigentlich nicht sofort vollziehbare Abrissverfügung also etwa wegen Einsturzgefährdung des Gebäudes besonders dringlich, kann die Behörde explizit die sofortige Vollziehung gemäß § 80 II 1 Nr. 4 VwGO anordnen.

In **Fall 75** sind die von der Universität erhobenen Langzeitstudiengebühren § 80 II Nr. 1 VwGO zuzuordnen. Da der grundsätzliche, mit Einlegung des Widerspruchs eintretende Suspensiveffekt (§ 80 I VwGO) kraft gesetzlicher Anordnung gemäß § 80 II Nr. 1 VwGO entfällt, ist die Behörde nicht daran gehindert, die in dem Verwaltungsakt angeordnete Regelung (Zahlungsaufforderung) zu vollziehen – gegebenenfalls zwangsweise mit Hilfe des Verwaltungsvollstreckungsrechts.

Übersicht 23: Suspensiveffekt und Ausnahmen

1. **Grundsätzlich** haben Widerspruch und Anfechtungsklage gemäß § 80 I VwGO aufschiebende Wirkung (Suspensiveffekt).

2. **Vier Ausnahmen** von diesem Grundsatz sind in § 80 II Nr. 1 – 4 VwGO geregelt. Danach entfällt der Suspensiveffekt

    a) kraft gesetzlicher Anordnung: § 80 II 1 Nr. 1 – 3 VwGO
      - Anforderung von öffentlichen Abgaben und Kosten (Nr. 1)
      - unaufschiebbaren Anordnungen und Maßnahmen von Polizeivollzugsbeamten (Nr. 2)
      - andere vorgeschriebene Fällen z.B. bei Verwaltungsakten, die Investitionen oder Schaffung von Arbeitsplätzen betreffen (Nr. 3)

    b) kraft behördlicher Anordnung: § 80 II 1 Nr. 4 VwGO

Statthaftigkeit des Antrags

Fall 76
Nachdem S aus dem vorangegangenen Fall von einem befreundeten Examenskandidaten erfahren hat, dass der eingelegte Widerspruch keine aufschiebende Wirkung hat, möchte er gegen den Gebührenbescheid im Wege des gerichtlichen vorläufigen Rechtsschutzes vorgehen. Welcher Antrag ist hierfür der richtige?

Die Statthaftigkeit eines Antrags auf gerichtlichen vorläufigen Rechtsschutz bestimmt sich nach dem Begehren des Antragstellers. Begehrt dieser die Anordnung oder Wiederherstellung des nach § 80 II VwGO aufgehobenen Suspensiveffektes, ist der Antrag nach § 80 V VwGO statthaft. Die Prüfungsfolge kann dabei in zwei Schritten vorgenommen werden:

Zunächst ist zu untersuchen, ob der Antrag gemäß § 80 V VwGO oder die einstweilige Anordnung gemäß § 123 VwGO einschlägig ist. Dabei wird die Abgrenzung zwischen beiden Arten des vorläufigen Rechtsschutzes nach der in der Hauptsache statthaften Klageart vorgenommen: Ist in der Hauptsache Anfechtungsklage zu erheben, richtet sich der vorläufige Rechtsschutz ausschließlich nach § 80 V VwGO.

Für die Bestimmung des richtigen Antragsverfahrens innerhalb von § 80 V VwGO ist in einem zweiten Schritt zu untersuchen, welche der beiden Kategorien von Ausnahmetatbeständen des § 80 II 1 VwGO einschlägig ist: im Fall der Nr. 1 – 3 ist der Antrag auf (erstmalige) Anordnung der aufschiebenden Wirkung gemäß § 80 V 1 1.Alt. VwGO, im Fall der Nr. 4 der Antrag auf Wiederherstellung der aufschiebenden Wirkung nach § 80 V 1 2. Alt. VwGO die statthafte Antragsart. Hierzu Übersicht 24:

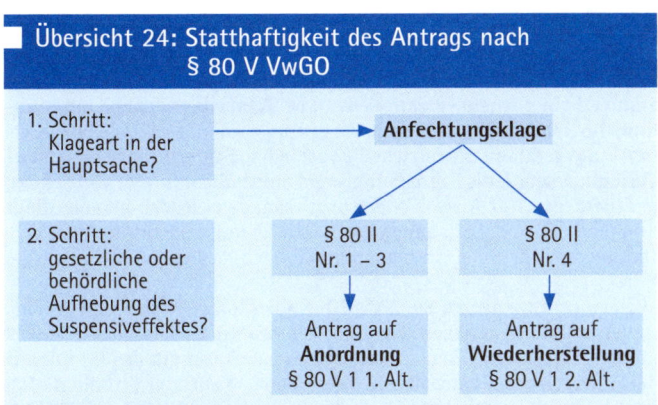

In Fall 76 ist der Antrag nach § 80 V VwGO die statthafte Antragsart, weil das Begehren des S auf die Suspendierung eines Verwaltungsaktes (Gebührenbescheid) gerichtet ist und für diese Begehr im Hauptsacheverfahren die Anfechtungsklage die statthafte Klageart wäre (erster Schritt). Der von B angegriffene Bescheid ist außerdem der Kategorie der gesetzlichen Aufhebung des Suspensiveffektes zuzuordnen (§ 80 II Nr. 1 VwGO). Folglich ist das in § 80 V 1. Alt. VwGO geregelte Verfahren auf Anordnung der aufschiebenden Wirkung statthaft (zweiter Schritt).

Fall 77

Kann S also zulässigerweise einen Antrag auf Anordnung der aufschiebenden Wirkung gemäß § 80 V 1. Alt. VwGO gegen den Gebührenbescheid stellen?

Eine wichtige Besonderheit, die nur für die Nr. 1 und nicht für die Nr. 2–4 von § 80 II 1 VwGO besteht, ist § 80 VI VwGO zu entnehmen: Danach ist ein Antrag nach § 80 V VwGO im Fall des § 80 II Nr. 1 VwGO nur zulässig, wenn der Antragsteller bei der Verwaltungsbehörde zuvor erfolglos einen Antrag auf Aussetzung der sofortigen Vollziehung gestellt hat. Dies müsste S demnach tun. Sein Antrag auf vorläufigen Rechtsschutz würde vom Verwaltungsgericht ansonsten als unzulässig zurückgewiesen werden.

Antragsbefugnis

Fall 78

Während einer Verkehrskontrolle wird bei A eine Blutalkoholkonzentration von 3,0 Promille gemessen. Da er zum wiederholten Male alkoholisiert Auto gefahren ist, entzieht die zuständige Fahrerlaubnisbehörde per Verfügung dem A die Fahrerlaubnis und ordnet die sofortige Vollziehung an. Hiergegen legt A zwar Widerspruch ein; da er jedoch berufsbedingt dringend auf sein Auto angewiesen ist, stellt er vor dem zuständigen Verwaltungsgericht einen Antrag auf vorläufigen Rechtsschutz. Zulässig?

Mit dem Antrag nach § 80 V VwGO werden solche Rechte des Antragstellers vorläufig gesichert, die er im Rahmen des Hauptsacheverfahrens mit der Anfechtungsklage durchzusetzen hat. Daher gilt das Erfordernis der Antragsbefugnis gemäß § 42 I VwGO analog auch im Verfahren nach § 80 V VwGO. Der Antragsteller hat also ebenso wie bei der Klagebefugnis die Möglichkeit der Verletzung eigener Rechte geltend zu machen.

Im Fall 78 erscheint es jedenfalls nicht von vornherein ausgeschlossen, dass A rechtswidrig in seinem Grundrecht auf Berufsfreiheit gemäß Art. 12 I GG betroffen ist. Er ist daher analog § 42 II VwGO antragsbefugt.

Rechtsschutzbedürfnis

■ Fall 79
Wie ist der vorherige Fall zu beurteilen, wenn A zuvor keinen Widerspruch eingelegt hätte?

Ob die vorherige bzw. gleichzeitige Erhebung des Widerspruchs oder der Anfechtungsklage für einen Antrag nach § 80 V VwGO erforderlich ist, wird nicht einheitlich gesehen: Auf der einen Seite setzt die Anordnung oder Wiederherstellung der aufschiebenden Wirkung schon begriffsnotwendig voraus, dass überhaupt ein Widerspruch eingelegt wurde. Dagegen spricht sich die überwiegende Ansicht aus: Das Gebot des effektiven Rechtsschutzes gemäß Art. 19 IV GG gebiete, dass vorläufiger Rechtsschutz nicht erst erlangt werden kann, wenn Widerspruch oder Anfechtungsklage erhoben sind. Der fehlende Widerspruch des A aus Fall 79 wäre also unbeachtlich.

Die Zulässigkeitsvoraussetzungen für das vorläufige Rechtsschutzverfahren nach § 80 V VwGO fasst Prüfschema 10 noch einmal zusammen:

■ Prüfschema 10: Zulässigkeit des Verfahrens nach § 80 V VwGO

1. **Verwaltungsrechtsweg** § 40 I 1 VwGO

2. Statthafte Antragsart: in der Hauptsache **Anfechtungsklage**

3. **Antragsbefugnis** § 42 II VwGO analog

4. Keine Antragsfrist, Hauptsache darf aber **nicht verfristet** sein

5. Allgemeine Sachentscheidungsvoraussetzungen, insbesondere: **Rechtsschutzbedürfnis (**Widerspruch und Anfechtungsklage nicht erforderlich)

Begründetheit

Fall 80

L betreibt eine Gänsezuchtfarm mit mehreren Hundert Tieren, die er an Schlachtereien in der Umgebung verkauft. Als ihm Rahmen einer veterinären Kontrolle auf seiner Farm bei einer der Gänse eine lebensgefährliche Tierseuche festgestellt wird, wird L per Bescheid des zuständigen Veterinäramtes mitgeteilt, dass zum Schutz der Bevölkerung und der Tierbestände auf den umliegenden Bauernhöfen sein gesamter Gänsebestand getötet werden müsse und er hierfür eine Entschädigungszahlung erhalte. L legt gegen den Bescheid zwar sofort Widerspruch ein. Da er jedoch die Tötung der Tiere rechtzeitig verhindern will, stellt er gleichzeitig vor dem zuständigen Verwaltungsgericht einen Antrag auf vorläufigen Rechtsschutz. Begründet?

Im Rahmen der Begründetheit des Antrags auf vorläufigen Rechtsschutz nach § 80 V VwGO nimmt das Gericht regelmäßig eine Interessenabwägung zwischen dem privaten Interesse des Antragstellers an der aufschiebenden Wirkung seines Rechtsbehelfs (Aussetzungsinteresse) und dem öffentlichen Interesse an der sofortigen Vollziehung des Verwaltungsaktes (Vollziehungsinteresse) vor. Maßgeblicher Bezugspunkt für diese Interessenabwägung sind dabei die Erfolgsaussichten des in der Hauptsache eingelegten Rechtsbehelfs (Widerspruch, Anfechtungsklage) zum Zeitpunkt der gerichtlichen Eilentscheidung. Wie gewohnt wird dabei von Ihnen eine ganz normale vollumfängliche Rechtsprüfung erwartet.

Zurück zu Fall 80: Widerspruch und Anfechtungsklage gegen die Anordnung der Tötung von Tieren haben gemäß § 80 Nr. 3 TierSG keine aufschiebende Wirkung. Da es sich beim Tierseuchengesetz um ein Bundesgesetz handelt, liegt ein Fall des § 80 II Nr. 3 VwGO vor, so dass die aufschiebende Wirkung kraft gesetzlicher Anordnung entfällt. Es ist von der offensichtlichen Rechtmäßigkeit des behördlichen Verwaltungsaktes auszugehen, da die sofortige Tötung der Gänse geeignet, erforderlich und verhältnismäßig erscheint, um die von der Tierseuche ausgehenden Gefahren für die Bevölkerung und andere umliegende Tierbestände schnell und wirksam einzudämmen.

Fall 81

Die rechtsradikale, aber nicht verbotene R-Partei, plant in wenigen Tagen eine Kundgebung in der Innenstadt von K. Als hiervon die zuständige

Lektion 10: Vorläufiger Rechtsschutz gemäß §§ 80 – 80b VwGO

Polizeibehörde in K durch anonymen Hinweis erfährt, verbietet sie per Bescheid die Demonstration und ordnet die sofortige Vollziehung des Verbotes an. Zur Begründung macht sie geltend, dass ihr keine Anmeldung der Demonstration vorliege. Gegen das Versammlungsverbot legt R Widerspruch ein, stellt aufgrund der gebotenen Eile vor dem zuständigen Verwaltungsgericht jedoch gleichzeitig auch Antrag auf vorläufigen Rechtsschutz. Begründet?

Im Verfahren nach § 80 V 1 2. Alt. VwGO hat die Behörde selbst den erlassenen Verwaltungsakt für sofort vollziehbar erklärt. Hier geltend Besonderheiten: Zu Beginn der Begründetheit muss zunächst die Anordnung des Sofortvollzugs nach dem Schema Zuständigkeit, Verfahren, Form auf ihre formelle Rechtmäßigkeit hin geprüft werden:

Die Anordnung des Sofortvollzugs nämlich muss von der zuständigen Behörde verfahrens- und formfehlerfrei erlassen worden sein. Hierzu gehört insbesondere die schriftliche Begründung des besonderen Interesses am Sofortvollzug des Verwaltungsaktes gemäß § 80 III 1 VwGO: Dieses besondere Interesse muss über dasjenige Interesse hinausgehen, was bereits den Erlass des Verwaltungsaktes rechtfertigt und die besondere Dringlichkeit des Sofortvollzugs erkennen lassen (Dringlichkeitsinteresse). Formelhafte, allgemein gehaltene Wendungen genügen hier nicht. Eine vorherige Anhörung des Antragstellers gemäß § 28 VwVfG ist dagegen nach überwiegender Ansicht – mangels Verwaltungsaktqualität der sofortigen Anordnung – entbehrlich. Die formelle Rechtmäßigkeitsprüfung der Anordnung der sofortigen Vollziehung fasst Leitsatz 10 zusammen:

Leitsatz 10

Sofortige Vollziehung

Prüfung der formellen Rechtmäßigkeit der Anordnung der sofortigen Vollziehung

1. **Zuständigkeit**: Ausgangs- oder Widerspruchbehörde
2. **Verfahren**: keine Anhörung gemäß § 28 VwVfG
3. **Form**: einzelfallbezogene schriftliche BegründungGewO

Ist die Anordnung der sofortigen Vollziehung formell rechtswidrig, führt dieser nur formelle Fehler allerdings für sich allein nach überwiegender Ansicht nicht zur Wiederherstellung der aufschiebenden Wirkung. Die Behörde kann in diesem Fall nämlich erneut – diesmal unter Beachtung der Begründungspflicht gemäß § 80 III 1 VwGO – die sofortige Vollziehung des Verwaltungsaktes anordnen.

Es folgt daher sowohl bei formeller Rechtmäßigkeit wie bei formeller Rechtswidrigkeit die Prüfung der materiellen Rechtmäßigkeit. Diese richtet sich wiederum nach den Erfolgsaussichten in der Hauptsache.

In Fall 81 ist die Anordnung der sofortigen Vollziehung sowohl formell als auch materiell rechtswidrig: Formell rechtswidrig ist sie, weil die Polizeibehörde ihrer formellen Pflicht zur schriftlichen Begründung des besonderen Interesses am Sofortvollzug (Dringlichkeit) nicht nachgekommen ist. Nach überwiegender Ansicht führt dieser formelle Fehler allein jedoch nicht zur Wiederherstellung der aufschiebenden Wirkung des Rechtsbehelfs.

Darüber hinaus ist die Anordnung des Sofortvollzugs jedoch auch materiell rechtswidrig, weil ein Verstoß gegen die Anmeldepflicht des § 14 VersG allein – ohne das Hinzutreten weiterer Umstände – nicht das Verbot einer Versammlung rechtfertigen kann. Da somit ein offensichtlich rechtswidriger Verwaltungsakt vorliegt und es an der Vollziehung eines offensichtlich rechtswidrigen Verwaltungsaktes kein öffentliches Interesse geben kann, ist eine weitere Interessenabwägung entbehrlich: Der Antrag der R-Partei ist begründet.

Lektion 11: Die einstweilige Anordnung gemäß § 123 VwGO

Statthafte Antragsart

Fall 82

Student S hat gerade ein Studium begonnen, das er aus eigenen Mitteln nicht finanzieren kann. Daher beantragt er beim zuständigen BAföG-Amt die Gewährung von Ausbildungsförderung, die ihm jedoch zu Unrecht versagt wird. Hiergegen legt S zwar sofort Widerspruch ein. Da die Sache jedoch eilt – wegen überfälliger Studiengebühren droht ihm bereits die Exmatrikulation – stellt S vor dem zuständigen Verwaltungsgericht gleichzeitig einen Antrag auf vorläufigen Rechtsschutz. Welche Antragsart ist hierfür statthaft?

Die VwGO kennt zwei Formen des einstweiligen Rechtsschutzes: Gemäß §§ 80–80b VwGO und gemäß § 123 VwGO; letzterer ist gegenüber dem Eilrechtsschutz aus §§ 80–80b VwGO subsidiär.

Da also aufgrund der in § 123 V VwGO angeordneten Subsidiarität eine einstweilige Anordnung erst in Betracht kommt, wenn vorläufiger Rechtsschutz nicht bereits nach den §§ 80–80b VwGO gewährt werden kann, sind in einem ersten Schritt beide Arten des vorläufigen Rechtsschutzes voneinander abzugrenzen. Hierbei ist die im Hauptsacheverfahren statthafte Klageart maßgeblich: Wenn in der Hauptsache keine Anfechtungsklage, sondern eine Verpflichtungs-, allgemeine Leistungs- oder Feststellungsklage die statthafte Klagart ist, ist der Antrag nach § 123 V VwGO die statthafte Antragsart.

In einem zweiten Schritt ist dann zu untersuchen, welche der in § 123 I VwGO geregelten Antragsformen statthaft ist: der Antrag auf Sicherungsanordnung gemäß § 123 I 1 VwGO oder der Antrag auf Regelungsanordnung gemäß § 123 I 2 VwGO. Während bei der Sicherungsanordnung der bestehende Rechtszustand – der Status quo – vorläufig gesichert wird, bewirkt die Regelungsanordnung eine vorläufige Erweiterung des Rechtskreises des Antragstellers.

In Fall 82 ist die einstweilige Anordnung gemäß § 123 V VwGO die statthafte Antragsart, weil das Begehren des S nicht auf die Suspendierung eines Verwaltungsaktes, sondern auf den Erlass eines (vorläufigen) Verwaltungsakts gerichtet ist, und für dieses Begehr im Hauptsacheverfahren die Verpflichtungsklage die statthaft Klageart wäre (erster Schritt). Die begehrte Gewährung von Ausbildungsförderung stellt darüber hinaus keine bestehende, sondern eine zukünftige Rechtsposition dar, so dass S eine Erweiterung seines Rechtskreises begehrt. Statthafte Antragsform ist daher die Regelungsanordnung gemäß § 123 I 2 VwGO (zweiter Schritt).

Die Vorgehensweise bei der Bestimmung der statthaften Antragsart fasst Prüfschema 11 noch einmal zusammen:

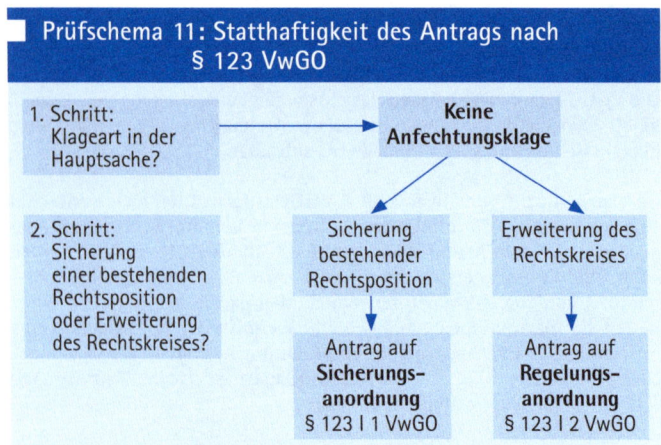

Antragsbefugnis / Rechtsschutzbedürfnis

Fall 83
B beginnt ohne Baugenehmigung mit der Errichtung seiner genehmigungspflichtigen Garage. N, der auf dem unmittelbar angrenzenden Grundstück zur Miete wohnt, ist der Ansicht, dass die Bauaufsichts-

behörde zum Einschreiten verpflichtet sei, da der „Schwarzbau" gegen „nachbarschützende" Vorschriften des öffentlichen Rechts verstoße. Da ein entsprechender Antrag des N bei der Bauaufsichtsbehörde jedoch abgelehnt wurde, stellt er vor dem zuständigen Verwaltungsgericht Antrag auf vorläufigen Rechtsschutz. Zulässig?

Eine Funktion des vorläufigen Rechtsschutzes besteht darin, die Rechte des Antragstellers im Hauptsacheverfahren vorläufig zu sichern. Daher ist auch im Verfahren nach § 123 I VwGO erforderlich, dass der Antragsteller gemäß § 42 II VwGO analog antragsbefugt ist: Denn wenn die Rechte des Klägers nicht verletzt sein können – er somit nicht klagebefugt ist – oder es an der Möglichkeit einer Eilbedürftigkeit fehlt, bedarf er auch nicht der Sicherung und ist daher gleichfalls nicht befugt, den Eilrechtsschutz in Anspruch zu nehmen. Der Antragsteller hat also ebenso wie bei der Klagebefugnis die Möglichkeit der Verletzung eigener Rechte geltend zu machen.

Zwei wesentliche Unterschiede zum Verfahren nach §§ 80 – 80b VwGO betreffen jedoch das Rechtsschutzbedürfnis: Zum einen entfällt das Rechtsschutzbedürfnis für einen Antrag nach § 123 VwGO dann, wenn der Antragsteller sich nicht zunächst an die zuständige Behörde gewandt und dort eine einstweilige Regelung begehrt hat. Zum anderen ist der Antragsteller aber nicht verpflichtet, vor oder bei Stellung des Eilantrags (Verpflichtungs-)Widerspruch einzulegen.

In Fall 83 liegt das Rechtsschutzbedürfnis des N vor: Er hat sich vor Stellung seines Antrags auf vorläufigen Rechtsschutz an die Behörde gewandt. Unschädlich ist, dass er keinen Widerspruch eingelegt hat.

Es fehlt jedoch an der Antragsbefugnis: Denn „Nachbar" im öffentlichen Baurecht ist nur der Eigentümer oder dinglich Berechtigte an dem Grundstück, nicht aber der lediglich schuldrechtlich Berechtigte Mieter. N kann sich daher nicht auf nachbarschützende Vorschriften berufen.

Begründetheit

Fall 84

Bauunternehmer B erhält vom Bundesland L einen Subventionsbescheid, in dem ihm für den Bau einer Industrieanlage in der strukturschwachen

Region X eine Zahlung von 1 Million Euro zugesprochen wird. Nachdem B mit dem Bau begonnen hat, verweigert L die Auszahlung mit dem Hinweis darauf, dass aufgrund der Überschuldung des Landes eine verfassungswidrige Haushaltslage drohe. Da wegen der fehlenden Auszahlung die Einstellung der Bauarbeiten zu befürchten ist, stellt B unter Vorlage des Subventionsbescheides vor dem zuständigen Verwaltungsgericht Antrag auf vorläufigen Rechtsschutz. Begründet?

Der Antrag auf einstweilige Anordnung ist begründet, wenn der Antragsteller einen Anordnungsanspruch und einen Anordnungsgrund glaubhaft gemacht hat und kein Verbot der Vorwegnahme der Hauptsache vorliegt. Dementsprechend kann auch die Prüfung aufgebaut werden:

Zunächst ist zu prüfen, ob ein Anordnungsanspruch vorliegt. Der Anordnungsanspruch ist der im Hauptsacheverfahren geltend gemachte materielle Anspruch, so dass eine Prüfung wie im Hauptsacheverfahren vorzunehmen ist.

Anschließend ist zu untersuchen, ob auch ein Anordnungsgrund gegeben ist. Bei der Sicherungsanordnung ergeben sich die Anforderungen aus § 123 I 1 VwGO: Der Anordnungsgrund liegt vor, wenn die Gefahr besteht, dass die Verwirklichung eines Rechts des Antragstellers vereitelt oder wesentlich erschwert werden könnte. Der Anordnungsgrund für die Regelungsanordnung liegt gemäß § 123 I 2 VwGO vor, wenn diese Regelung, um wesentliche Nachteile abzuwenden oder drohende Gewalt zu verhindern oder aus anderen Gründen „nötig" erscheint. Zusammengefasst lässt sich sagen, dass mit Anordnungsgrund eine besondere Eilbedürftigkeit gemeint ist.

Schließlich müssen die Tatsachen, die dem Anordnungsanspruch und Anordnungsgrund zugrunde liegen, glaubhaft gemacht werden. Dazu hat der Antragsteller durch Vorlage geeigneter Beweismittel das Gericht von der Wahrscheinlichkeit des behaupteten Anspruchs zu überzeugen (§ 173 VwGO i.V.m. § 294 ZPO). Gelangen Sie zu dem Ergebnis, dass der Antragsteller einen Anordnungsanspruch und einen Anordnungsgrund glaubhaft gemacht hat, so ist letztlich noch Stellung zu nehmen zu der Frage, ob die begehrte Anordnung unzulässig die Hauptsacheentscheidung vorwegnimmt.

In Fall 84 begehrt B die Vornahme einer tatsächlichen Verwaltungshandlung, nämlich die schlichte Auszahlung des Geldbetrages, für dessen Bewilligung schon ein Bescheid vorliegt. Statthafte Klageart in der Hauptsache ist folglich die allgemeine Leistungsklage, so dass statthafte Antragsart die einstweilig Anordnung nach § 123 I VwGO ist. Die Auszahlung stellt neben dem Bewilligungsbescheid die Vornahme eines weiteren, zusätzlichen Verwaltungshandelns dar. Richtige Antragsform innerhalb von § 123 I VwGO ist daher die Regelungsanordnung gemäß § 123 I 2 VwGO.

Die materielle Anspruchsgrundlage für das Auszahlungsbegehren stellt unmittelbar die Zusage aus dem Subventionsbescheid dar; ein Anordnungsanspruch ist mithin gegeben. Für die Regelungsanordnung besteht ein Anordnungsgrund, wenn die vorläufige Regelung zur Abwendung eines wesentlichen Nachteils nötig ist. Das ist hier in doppelter Hinsicht der Fall: Zum einen ist angesichts der drohenden Verfassungswidrigkeit des Landeshaushalts nicht absehbar, ob im Hauptsacheverfahren die (volle) Auszahlung noch möglich sein wird. Zum anderen würde eine drohende Baueinstellung infolge der nicht sofort ausgezahlten Subvention absehbar zu schweren (wirtschaftlichen) Nachteilen bei B führen. Ein Anordnungsgrund liegt daher vor. Anordnungsanspruch und Anordnungsgrund wurden zudem glaubhaft gemacht, insbesondere durch Vorlage des Subventionsbescheides. Der Antrag des B ist daher begründet.

Verbot der Vorwegnahme der Hauptsache

Fall 85
Als dem A die beantragte Baugenehmigung zur Errichtung seines Wohnhauses zu Unrecht versagt wird, legt er hiergegen Widerspruch ein und stellt zusätzlich einen Antrag auf Erlass einer einstweiligen Anordnung auf Erteilung der Baugenehmigung. Begründet?

Sinn und Zweck des vorläufigen Rechtsschutzes ist nur die vorläufige, nicht die endgültige Sicherung der Rechte des Antragstellers. Daher darf die einstweilige Anordnung grundsätzlich auch nur zur vorläufigen und nicht zur endgültigen Vorwegnahme der Hauptsache führen. Maßgeblich für die Unterscheidung zwischen vorläufiger und endgültiger Vorwegnahme ist dabei die Frage, ob die Regelung nach einem negativen Ausgang des Hauptsacheverfahrens wieder rückgängig gemacht werden kann oder vollendete Tatsachen schafft: Kann die vorläufige Regelung für die Zukunft wieder rückgängig gemacht werden, liegt nur eine vorläufige Vorwegnahme der Hauptsache vor, die nicht dem Vorwegnahmeverbot unterfällt. Andernfalls, bei Schaffung vollendeter Tatsachen über den Zeitpunkt der Hauptsachentscheidung hinaus, handelt es sich um eine grundsätzlich unzulässige endgültige Vorwegnahme der Hauptsache.

Würde das Gericht die Behörde in Fall 85 verpflichten, die beantragte Baugenehmigung zu erlassen, wäre damit die Hauptsache der Verpflichtungsklage – endgültig – vorweggenommen. Denn selbst wenn nur eine vorläufige Baugenehmigung erteilt werden würde, könnte A mit dem Bau seines Hauses beginnen. Dies würde nicht nur vollendete Tatsachen schaffen; zudem könnte A sich auch auf den baurechtlichen Bestandsschutz berufen. Da die begehrte einstweilige Anordnung somit eine unzulässige Vorwegnahme der Hauptsache bedeutet, kann dem Antrag des A nicht entsprochen werden.

Fall 86
Was, wenn A aus dem vorangegangen Fall Unternehmer ist und durch die Verzögerung der beantragten Baugenehmigung irreparable Schäden entstehen, die die unternehmerische Existenz des A bedrohen?

Im Interesse eines effektiven Rechtsschutzes gemäß Art. 19 IV GG wird vom grundsätzlichen Vorwegnahmeverbot dann eine Ausnahme zugelassen, wenn andernfalls schwere und unzumutbare Nachteile für den Antragsteller entstehen würden.

Die irreparablen Schäden, die in Fall 85 die unternehmerische Existenz des A bedrohen, sind als schwere und unzumutbare Nachteile anzusehen, die sich nach dem voraussichtlich positivem Ausgang des Hauptsacheverfahrens nicht mehr rückgängig machen ließen. Der Antrag des A wäre demnach trotz Vorwegnahme der Hauptsache begründet.

Die Prüfungspunkte der einstweiligen Anordnung gemäß § 123 VwGO fasst Prüfschema 12 zusammen:

Prüfschema 12: Einstweilige Anordnung gemäß § 123 VwGO

I. Zulässigkeit

1. Eröffnung des Verwaltungsrechtsweges § 40 I 1 VwGO

2. Statthafte Antragsart:
   1. Schritt: Abgrenzung §§ 80, 80a VwGO – 123 VwGO
   2. Schritt: Abgrenzung Sicherungsregelung, § 123 I 1 VwGO – Regelungsanordnung § 123 I 2 VwGO

3. Antragsbefugnis § 42 II VwGO analog

4. Allgemeine Sachentscheidungsvoraussetzungen, insbesondere: Rechtsschutzbedürfnis:
   a) ggf. vorheriger Antrag an Behörde erforderlich
   b) aber kein Widerspruch erforderlich

II. Begründetheit

1. Anordnungsanspruch: materieller Anspruch der Hauptsache

2. Anordnungsgrund

3. Keine Vorwegnahme der Hauptsache

Ausblick

So, das ist also das Verwaltungsprozessrecht. Sie haben festgestellt, dass dieses Rechtsgebiet – entgegen vieler Vorurteile – alles andere als trocken, öde oder undurchschaubar ist. Es handelt sich vielmehr um eine lebendige und praxisrelevante Materie, deren Auswirkungen in vielen Bereichen des täglichen Lebens spürbar sind.

Ist die Struktur des Verwaltungsprozessrechts erst einmal durchschaut, ist seine Handhabung in Prüfung wie Praxis ein Leichtes. Viel Freude dabei!

Sachregister

A
Abdrängende Sonderzuweisung 7, 14 f
Adressatentheorie 40 f, 62
Akteneinsicht 70 ff
Allgemeine Feststellungsklage 80, 86 f
Allgemeine Leistungsklage 30 f, 68 ff
Allgemeines Rechtsschutzbedürfnis 26 ff, 74
Anfechtungsklage 29 ff, 34 ff
Anordnung der sofortigen Vollziehung 75, 109, 115 f
Anspruchsgrundlage 8, 77 ff,
Antragsbefugnis 101, 104, 112 f, 118
Antragsfrist 52, 104 ff 113
Antragsgegner 101, 105 f
Aufdrängende Sonderzuweisung 6 f, 15
Auskunftserteilung 31, 70 f

B
Beiladung 20 f
Bekanntgabe des Verwaltungsakts 46 ff
Berufung 19
Bescheidungsurteil 65 f
Beschwerde 19
Beteiligtenfähigkeit 21 f
Bundesverwaltungsgericht 18

D
Devolutiveffekt 19
Dreitagesfiktion 46 ff
Drittanfechtung 36
Drittrechtsverhältnis 90

E
Einstweilige Anordnung 117 ff

Erledigung eines Verwaltungsakts 94, 100
Ermächtigungsgrundlage 8, 13 105 f
Ermessensentscheidung 65
Erstbegehungsgefahr 75 f
Erstmalige Beschwer 53

F
Feststellungsinteresse 86 f
Feststellungsklage 29, 31 ff
Folgenbeseitigungsanspruch 77
Fortsetzungsfeststellungsinteresse 96
Fortsetzungsfeststellungsklage 31

G
Gebundene Entscheidung 65 f
Generalklausel 6 f, 14 f
Gestaltungsklage 29

H
Hauptsacheverfahren 17 ff
Hausverbot 8 f, 13

I
Instanzenzug 18

K
Klagebefugnis 38 ff, 62
Klagefrist 34, 38, 54 f
Klagegegner 55 f
Klaggegenstand 35 ff, 56 ff

L
Leistungsklage 68
Leistungsvornahmeklage 69

M
Möglichkeitstheorie 39

N

Negative
  Feststellungsklage 80, 82, 88
Nichtigkeitsfeststellungsklage
  83, 88 f
Normenkontrolle 14, 101 ff

O

Oberverwaltungsgericht 18
Öffentlich-rechtliche
  Streitigkeit 7 ff, 13 ff
Öffentlich-rechtlicher
  Vertrag 77
Ordnungsgemäße
  Klagerhebung 24
Örtliche Zuständigkeit 20

P

Positive Feststellungsklage 80 f
Postulationsfähigkeit 23
Prozessfähigkeit 21 ff

Q

Qualifiziertes
  Rechtsschutzbedürfnis 74 ff

R

Rechtsbehelfsbelehrung 48 ff
Rechtskraft 26
Rechtsschutzbedürfnis 113, 118 f
Rechtsverhältnis 80 ff, 90
Reformatio in peius 59 f
Regelungsanordnung 117 ff
Rehabilitationsinteresse 87, 97 f
Revision 19

S

Sachentscheidungs-
  voraussetzungen 20, 24 f
Schutznormtheorie 39
Sicherungsanordnung 117 f

Spruchreife 65 ff
Sprungrevision 19
Statthafte Klageart 61 f
Statthaftigkeit
  des Antrags 103, 110, 117
Straf- oder bußgeldbewehrter
  Verwaltungsakt 74 f
Streitentscheidende Norm 8 ff
Subsidiaritätsgrundsatz 84 ff, 90
Subsidiaritätsklausel 84
Subventionen 9 ff, 61
Suspensiveffekt 19

U

Unterlassungsklage 69, 74 f

V

Verpflichtungsklage 30, 61 ff
Vertragsansprüche 77 f
Verträge zwischen Bürger
  und Verwaltung 10
Verwaltungsgericht 18
Verwaltungsrechtsweg 5 ff
Verwaltungsprozessrecht 5
vollendete Tatsachen 74, 76
Vorläufiger Rechtsschutz 107 f
Vornahmeurteil 65
Vorverfahren 44 f, 52 ff, 63 f, 69,
  85, 95. 98 ff, 105
Vorwegnahme
  der Hauptsache 120 ff

W

Widerspruchsfrist 48 ff
Widerspruchsverfahren 43
Wiederholungsgefahr 87, 97

Z

Zuständigkeit 17 f
Zustellung 54
Zwei-Stufen-Theorie 11 ff

leicht gemacht ®

Verwaltungsrecht – *leicht gemacht* ®

Allgemeines und Besonderes Verwaltungsrecht für Studierende an Universitäten, Hochschulen und Berufsakademien
von Rechtsanwalt Claus Murken

Ein erfahrener Rechtsanwalt vermittelt das Verwaltungsrecht in verständlicher, kurzweiliger und vor allem einprägsamer Weise.

- Verwaltungsorganisation / Verwaltungsakt
- Verwaltungsverfahren / Amtshaftung

Aus dem Besonderen Verwaltungsrecht:

- Baurecht / Gewerberecht
- Polizei- und Ordnungsrecht

Ihr Plus: 11 Prüfschemata!

Staatsrecht – *leicht gemacht* ®

Das Staats- und Verfassungsrecht nicht nur für Studierende an Universitäten, Hochschulen und Berufsakademien
von Richter am AG Robin Melchior

Ein erfahrener Richter vermittelt lebendig und übersichtlich das deutsche Staats- und Verfassungsrecht. Aus dem Inhalt:

- Verfassung, Werteordnung, Gesetzgebung
- Grund-, Bürger- und Menschenrechte
- Würde, Freiheit und Selbstbestimmung
- Meinungs- und Pressefreiheit
- Kontrolle staatlichen Handelns

Ihr Plus: 22 Übersichten und 3 Prüfschemata!

leicht gemacht ®

Jura – *leicht gemacht* ®

Das Juristische Basiswissen
von Richter Dr. Peter-Helge Hauptmann

Eine Einführung in die Welt des Rechts in bewährt fallorientierter Weise mit Leitsätzen und Übersichten:

- Gesetzgebung und Gesetze
- Rechtsprechung, Literatur und Lehre
- Zivil-, Straf- und Öffentliches Recht
- lateinisches Minilexikon, kleine Rechtsgeschichte
- Arbeitstechnik, Rechtssprache, Gesetzesanwendung

Das Starterbuch für Studierende. Der entscheidende Wissensvorsprung!

Klausuren schreiben– *leicht gemacht* ®

Aufbau und Form der juristischen Klausur
von Rechtsanwalt Jörn Bringewat

Der Leitfaden für das erfolgreiche Bestreiten juristischer Klausuren:

- Einsteigertipps und Klausurstrategien
- Fallbearbeitung und Gutachtentechnik
- Zivil-, Straf-, Verfassungs- und Verwaltungsrecht
- Prüfschemata, Übersichten und Beispielsfälle

Mit seiner hoher Anwendernähe der ideale und einsteigerfreundliche Begleiter für jedes Studium mit juristischem Anteil. Erscheint bereits in über 18 Auflagen.

Ihr Plus: Prüfschemata und Lösungshinweise!